EXERCICES GRADUÉS

SUR LA

GRAMMAIRE FRANÇAISE

ACCOMPAGNÉS

DE L'EXPOSÉ DES RÈGLES

ET SUIVIS DE NOMBREUSES DICTÉES

PAR

M. GALLIEN

Ancien Professeur de grammaire à l'École normale de Versailles

DEUXIÈME ANNÉE

LIVRE DU MAÎTRE

PARIS

HG. DOYEN ET Cⁱᵉ, LIBRAIRES-ÉDITEURS

49, RUE SAINT-ANDRÉ-DES-ARTS, 49

EXERCICES GRADUÉS

SUR LA

GRAMMAIRE FRANÇAISE

ACCOMPAGNÉS

DE L'EXPOSÉ DES RÈGLES

ET SUIVIS DE NOMBREUSES DICTÉES

PAR

M. GALLIEN

Ancien Professeur de grammaire à l'École normale de Versailles

DEUXIÈME ANNÉE

LIVRE DU MAITRE

PARIS

AUG. BOYER ET Cie, LIBRAIRES-ÉDITEURS

49, RUE SAINT-ANDRÉ-DES-ARTS, 49.

DEUXIÈME PARTIE.

RÈGLES PARTICULIÈRES.

ORTHOGRAPHE DES MOTS

ANALOGIE *OU* DÉRIVATION.

423 (*). La dérivation consiste à prendre dans un mot analogue à celui que l'on écrit toutes les lettres que la prononciation permet d'y prendre.

424-426. Pour l'adjectif et le participe, c'est dans le féminin, s'il y en a un, que l'on prend les lettres de dérivation ; pour le verbe, c'est dans l'infinitif.

EXERCICE 1er.

CORRIGÉ.

Le mot analogue où se retrouve la lettre en italique est entre parenthèses.

Ama*s* (amasser), dra*p* (draper), bâ*t* (bâter), far*d* (farder), hasar*d* (hasarder), dar*d* (darder), par*t* (partie).

Accè*s* (accession), succè*s* (succession), procè*s* (processif), progrè*s* (progressif), soufflet (souffleter), respec*t* (respecter), lai*d* (laide), lai*t* (laitage).

Profi*t* (profiter), avi*s* (aviser), tapi*s* (tapisser), pay*s* (paysan), li*t* (alité), nui*t* (nuitamment), surpri*s* (surprise), di*t* (dite).

Complo*t* (comploter), do*s* (dossier), sanglo*t* (sangloter), galo*p* (galoper), repo*s* (reposer), so*t* (sotte), saut (sauter, saltimbanque), accor*d* (accorder), transpor*t* (transporter), discor*d* (discorde).

Tribu*t* (tributaire), bu*t* (butte), refu*s* (refuser), institu*t* (institution), scorbu*t* (antiscorbutique), débu*t* (débuter), salu*t* (salutaire), flu*x* (fluxion), refu*s* (refuser).

(*) Les numéros font suite à ceux du cours de 1re année, et correspondent à des règles plus développées dans la Grammaire.

Goût (goûter), coût (coûter), bout (bouter), tout (toute), lourd (lourde), court (courte), cours (course), ours (ourse), pouls (pulsation).

Bois (boisé), mois (mensuel), pois (poisette), poids (peser, pondération), doigt (digitale), empois (empeser), étroit (étroite), froid (froide).

Banc (bancal), rang (ranger), sang (sanglant), cent (centaine), gland (glande), moment (momentané), instant (instantané).

Pain (panade), main (manier), chemin (cheminer), faim (affamer), plein (plénitude), serein (sérénité), essaim (essaimer).

Bond (bondir), rond (ronde), plomb (plomber), long (longue), fond (fonder), tronc (tronquer), mont (monter).

Jeun (jeuner), emprunt (emprunter), parfum (parfumer).

Nœud (nodosité), vœu (vouer), œuvre (ouvrier), cœur (cordial), mœurs (morale), sœur (sororial), œil (oculiste), œuf (ovale), bœuf (bouvier).

Chevaux (cheval), bateau (batelier), autre (alterner), faire (façon), naître (nativité), plaire (placet), soustraire (soustraction), apaiser (pacifier), il saura (savoir), il faut (falloir).

FORMATION IRRÉGULIÈRE DU FÉMININ.

470-478. Les adjectifs en *as, el, éen, ien, ou, el* doublent la dernière consonne au féminin, ainsi que *épais, gentil, paysan, fol, mol, gros, sot, huguenot, vieillot, nul, métis.* Excepté *ras, inquiet, secret, concret, discret, indiscret, complet, incomplet, replet,* qui suivent la règle générale après changement de *e* en *è.* Exemple : *inquiet, inquiète.*

C se change en *que,* *f* en *ve,* *x* en *se.* Excepté *grecque, sèche, franche* (quelquefois franque), *douce, rousse, fausse, vieille.* — *Frais* fait au féminin *fraiche.*

On change *eur* en *euse* pour les dérivés des participes présents. Excepté *exécuteur, inspecteur, inventeur, persécuteur,* où *teur* se change en *trice;* — *chasseur, demandeur, défendeur, pécheur, vengeur, enchanteur,* dont le féminin est en *eresse;* et *profes-*

gouverneur, dont le premier ne change pas, et le second fait gouvernante.

Les mots en teur non dérivés de participes présents, ont le féminin en trice. Excepté amateur, auteur, littérateur, orateur, qui ne changent pas au féminin, non plus que témoin, médecin, historien, châtain, fat, dispos, etc.

Ambassadeur fait ambassadrice; prêtre, prophète, poète, traître, tigre, ogre ont le féminin en esse.

Coi, favori, beau, nouveau, jumeau, fou, mou font au féminin coite, favorite, belle, nouvelle, jumelle, folle, molle.

EXERCICE 2º.

CORRIGÉ.

Basse extraction — table rase — nature épaisse — grosse affaire — paysanne accorte — folle envie — la ligue achéenne — vie bohémienne — ville païenne — ancienne histoire — gloire immortelle — les qualités naturelles — grandeur réelle — âme immortelle — comédie bouffonne — vertu dragonne — audace fanfaronne — figure mignonne — parole doucette — fourrure douillette — complète erreur — conversation discrète — âme inquiète — société secrète — vieillesse caduque — place publique — monarchie franque — femme turque ou grecque — jambe boiteuse — épineuse affaire — valeur impétueuse — épouse jalouse et peu douce — couleur bleue — la feue reine.

Grande causeuse, enjôleuse et frondeuse — belle quêteuse — langue calomniatrice — guerre dévastatrice — force motrice — volupté tentatrice — femme auteur, orateur, littérateur, amateur, professeur, témoin, médecin, etc. — Elle est ambassadrice, prophétesse, chasseresse, demanderesse, défenderesse.

Nouvelle année — folle idée — poire molle. — Elle s'est tenue coite — vieille habitude.

MASCULIN PLURIEL DANS LES ADJECTIFS EN AL.

Les adjectifs en al ont généralement le masculin

pluriel en *aux*. Mais on évite d'en employer quelques-uns à ce genre et à ce nombre, surtout *fatal, filial, final, glacial, nasal, natal, naval, théâtral, banal, frugal.*

EXERCICE 3ᵉ.

CORRIGÉ.

Des rapports *amicaux* — les droits *seigneuriaux* — des paroles *banales* — les fonts *baptismaux* — des coups *funestes* — les droits *électoraux*, — des attentions *filiales*, — des batailles *navales* — des liens *moraux* — des tables *frugales*, — des hommes *brutaux* — les demeures *natales*, — des termes *spéciaux* — des esprits *vénaux*, des armes *vénales*, — des aveux *loyaux* — des répugnances *nasales.*

MARQUE DU PLURIEL DANS LES NOMS.

143-152. Les noms dont le singulier est terminé par *s, x, z* ne changent pas au pluriel. Ceux qui l'ont en *au, eu* prennent *x*, excepté *bleu*. — *Bijou, caillou, chou, genou, hibou, pou* et *joujou* prennent pareillement *x*.

Ceux qui ont le singulier en *al* changent cette finale en *aux*, excepté *bal, carnaval, chacal, festival, pal, régal*, qui prennent *s*.

La finale *ail* se change aussi en *aux* dans les mots *bail, corail, émail, soupirail, vantail, vitrail.*

Ail fait *aulx ; travail* fait *travaux* au propre et *travails* dans les autres cas ; *ciel* fait *cieux* au propre, et *ciels* au figuré ; *œil* fait au pluriel *yeux* quand il représente l'organe de la vue, et *œils* dans les autres cas ; *aïeul* fait *aïeuls ; aïeux* et *bestiaux* n'ont pas de singulier ; *bétail* n'a pas de pluriel.

EXERCICE 4ᵉ.

CORRIGÉ.

Chapeaux, aloyaux, généraux, dieux, bijoux, prix, baux,

chevaux, pals, cheveux, licous, choix, soupiraux, tuyaux, cheveux, enjeux, hiboux, riz, coraux, attirails, bateaux, régals,
épieux, clous, éventails, travaux, manteaux, vassaux, adieux,
choux, époux, émaux, hameaux, bals, essieux, fous, propos,
sérails, berceaux, lieux, joujoux, ananas, détails, marteaux,
fanaux, moyeux, toutous, souris, portails, étaux, carnavals,
locaux, néveux, filous, nez, poitrails, caveaux, minéraux, mi-
lieux, cailloux, vitraux, accès, vols, festivals, vœux, genoux,
mois, mails, lapereaux, cordiaux, alleux, sous, sens, gouver-
nails, maréchaux, libéraux, épouvantails, vantaux, camails.

On écrit (*aulx*) le pluriel de *ail* pour le distinguer de l'article
pluriel *aux*.

Mon cheval est si vicieux qu'on ne peut le ferrer qu'en
employant les *travails*.

On a remarqué le soin que met cet employé à ses *travails*;
ils sont toujours écrits d'une manière irréprochable.

Le plus beau de tous les *ciels* est le ciel de la patrie, mais
la patrie pour les exilés n'est plus que dans les *cieux*.

C'est par une comparaison assez peu juste que l'on emploie
au pluriel *œils* au lieu de *yeux* au figuré. Dans les *œils* du
pain, du fromage, ces *œils* ressemblent plutôt aux trous d'un
crible qu'à l'organe de la vue; et dans les *œils* de bouillon,
je crois toujours voir flottantes les îles de Saint-Omer. Je ne
parle pas des *œils-de-bœuf*, qui sont les uns ronds, les autres
ovales : peut-être tous ont-ils commencé ou finiront-ils par
être ronds, comme de vrais *yeux* de bœuf.

Il manque à nos *aïeuls* plus d'une génération pour qu'ils
puissent être nos *aïeux*. Par *aïeuls*, il faut entendre nos grands-
parents. Nos arrière-grands-parents sont nos *bisaïeuls*; ensuite
viennent les *trisaïeuls*; et, à partir de ceux-ci, les *aïeux*.

NOM PROPRE ET NOM COMMUN.

428-429. Le nom propre commence par une ma-
juscule, et il est invariable, excepté lorsqu'il est employé comme nom commun. Exemple : *Les* Césars
sont heureusement très-rares.

Le nom commun commence par une petite lettre,
excepté quand il est employé comme nom propre,
savoir :

1° Quand il remplace un nom propre comme surnom. Exemple : *Richard* CŒUR *de lion.*

2° Quand c'est un nom de dignité employé pour le nom même de la personne. Exemple : *C'est l'*ARCHEVÊQUE *qui a officié.*

3° Quand il représente des êtres personnifiés. Exemple : *Au pied du trône était la* MORT *pâle et dévorante.*

4° Quand c'est un titre d'ouvrage. Exemple : *Rien de parfait comme l'*AVARE *et le* MISANTHROPE.

EXERCICE 5ᵉ.

CORRIGÉ.

La France est un des pays les plus favorisés du Ciel. Son climat est tempéré, son sol fertile et fécond autant à l'intérieur qu'à la surface même. Quatre grands fleuves, la Seine, la Loire, la Gironde et le Rhône l'arrosent et la fécondent, outre une multitude de rivières considérables. Les Alpes, les Pyrénées, le Jura, les Vosges et les Ardennes la protégent et la défendent, et en même temps lui versent les eaux qui la fertilisent. Que dire de sa position maritime sur la Méditerranée au sud, l'Atlantique à l'ouest, la Manche au nord et de ses ports, soit militaires, tels que Brest et Toulon, soit marchands, tels que Marseille et Bordeaux?

Si nous interrogeons son histoire, quels souverains elle nous présente dans Charlemagne, Louis XIV! quels administrateurs dans les Colbert, les Sully! quels littérateurs dans les Corneille, les Voltaire! quels génies enfin de toutes sortes, que l'on chercherait en vain dans le reste du monde!

Où trouvera-t-on des Molière après le nôtre? où des Boileau à côté de notre Maître du Parnasse? C'est de la France, non d'ailleurs, qu'a pris l'essor ce sublime Aigle de Meaux. Racine, pour l'harmonie, a fait oublier le Cygne de Mantoue; et Jean-Baptiste Rousseau, pour la sublimité, le Chantre d'Olympie.

On parlait devant Frédéric-le-Grand, roi de Prusse, de la puissance militaire de la France. Si j'avais l'honneur de gouverner la France, dit le Roi, je ne voudrais pas qu'il se tirât un seul coup de canon en Europe sans ma permission. Et il s'est trouvé un homme, Napoléon, qui a réalisé cette appré-

...tion du roi de Prusse, et devant l'épée duquel, depuis l'extrémité de l'Espagne et de l'Italie jusqu'aux bords glacés de
la Moscowa, l'Europe entière a tremblé et s'est tue, comme
autrefois le monde devant Alexandre le Grand. Déjà Charlemagne l'avait montré; et le fera à l'avenir quiconque aura le
génie des Charlemagne et des Napoléon.

EXERCICE 6e.

CORRIGÉ.

Quelles fables d'Ésope ou de tout autre soutiendraient la
comparaison avec le Chêne et le Roseau, le lièvre et la Tortue, les Animaux malades de la peste, et tant d'autres chefs-
d'œuvre de notre immortel La Fontaine?

Le plus beau surnom pour un prince, c'est celui de Juste;
le plus glorieux, celui de Père de la patrie. Quant à celui de
Grand, si envié des rois, il coûte aux peuples trop de sang
et de larmes.

On regarde communément *l'Avare* de Molière comme son
chef-d'œuvre; il préférait, paraît-il, le Misanthrope.

Ce fut Charles V, dit le Sage, qui le premier délivra la France
du joug des Anglais; Charles VII fut surnommé le Victorieux
pour avoir définitivement accompli cet acte de délivrance.

Le même roi qui employa les Condé, les Turenne, les
Luxembourg, les Créqui, les Catinat et les Villars dans ses
armées, les Colbert et les Louvois dans son cabinet, choisit
les Racine et les Boileau pour écrire son histoire, les Bossuet
et les Fénelon pour instruire ses enfants, les Fléchier, les
Bourdaloue et les Massillon pour l'instruire lui-même.

Le siècle où nous vivons est-il inférieur à celui qu'on a
appelé le Grand Siècle? La France a fait alors de grandes
choses, c'est vrai : Turenne, Condé et beaucoup d'autres ont
remporté d'immortelles victoires; Colbert, Louvois ont été
de grands ministres; et Corneille, Racine, Bossuet, d'admirables génies. Mais nos Hoche, nos Masséna n'ont pas été
des généraux méprisables; Carnot vaut bien Louvois, Turgot
n'est pas trop loin de Colbert; et les Hugo, les Lamartine,
pour n'en citer que deux, ne sont pas des auteurs à dédai-
gner. Me direz-vous maintenant s'il y avait beaucoup de La-
voisier, de Monge, de Cuvier, de vrais savants enfin, du temps
de Louis XIV?

1.

On voyait près du trône de Pluton la Mort pâle, avec sa faux tranchante, qu'elle aiguisait sans cesse. Autour d'elle volaient les noirs Soucis, les cruelles Défiances, les Haines injustes et le Désespoir, qui se déchire de ses propres mains.

NOM COMPOSÉ.

432. Dans le nom composé, on ne donne la marque du pluriel qu'aux mots réellement pluriels ; le verbe personnel s'écrit à la 3e personne du singulier ; enfin, les membres du nom composé se joignent par le trait-d'union, excepté où il y a l'apostrophe, comme dans *chef-d'œuvre.*

EXERCICE 7e.

CORRIGÉ.

Les *petits-maîtres* sont encore plus insupportables que les *pique-assiette* : ceux-ci font de vous leurs *abat-faim*, ceux-là leurs *gobe-mouches* et leurs *attrape-nigaud.*

Les conversations des sots ne sont que des *coq-à-l'âne*, où l'on parle sans suite et comme à bâtons rompus.

De tous les *gagne-pain*, le plus sûr est encore le travail, avec le savoir et la probité.

Sans être des *boute-en-train*, on peut ne pas être des *rabat-joie* et des *loups-garous.*

Si tu as pris soin de ton *grand-père* et de ta *grand' mère*, n'aie pas peur que tes *petits-fils* t'envoient mourir dans un *hôtel-Dieu.*

Les *perce-neige*, appelés aussi roses de Noël, n'ont quelque charme que parce qu'ils fleurissent en hiver.

Quand tu te mets en voyage, n'oublie ni ton *porte-manteau* ni ton *porte-monnaie.*

Soyons francs en toute chose, et marchons sans *faux-fuyant* et sans *arrière-pensée.*

Fouille souvent dans ta *garde-robe*, et détache de ton *porte-manteau* pour donner au pauvre *demi nu.*

Les *demi-savants* ne doutent de rien, et parlent de tout avec plus d'assurance que les hommes instruits.

Les *oiseaux-mouches* et les *rouges gorges* sont plus colères,

vindicatifs et querelleurs que ne le ferait supposer leur peti-
tesse.

On appelle *mouille-bouche* des poires qui fondent pour
ainsi dire dans la bouche.

Les bords de la plupart des fleuves de l'Asie et de l'Afrique
sont peuplés de *martins-pêcheurs*.

On s'endort dans les délices du *rien-faire*; mais la misère
et les dettes, qui les suivent, sont de tristes *réveille-matin*.

Ce furent les encouragements donnés au génie par
Louis XIV qui produisirent tant de *chefs-d'œuvre* dans tous
les genres.

EXERCICE 8ᵉ.

Devoir mis au pluriel.

Bas-reliefs, basses-cours, beaux-frères, blancs-becs, bons-
chrétiens, bouts-rimés, cerfs-volants, choux-raves, loups-cerviers, chats-huants, chefs-lieux, épines-vinettes, gardes-cham-
pêtres, arrière-bans, bains-marie, hôtels-Dieu, blanc-seings,
terre-pleins, Cent-Suisses, tic-tac, ouï-dire.

Aides-de-camp, barbes-de-bouc, belles-de-jour, pieds-d'a-
louette, jets-d'eau, ciels-de-tableau, œils-de-bœuf, chars-à-
bancs, crocs-en-jambe, eaux-de-vie, pieds-de-bœuf, pots-de-
vin, chefs-d'œuvre, coqs-à-l'âne, tête-à-tête.

Abat-jour, caille-lait, chauffe-pieds, chauffe-lit, gâte-sauce,
garde-chasse, porte-manteau (valise), porte-manteaux (crochets
à manteaux, à robes), essuie-mains, cure-dents, couvre-pieds,
prie-Dieu, va-et-vient, garde-côtes, réveille-matin, pince-sans-
rire, garde-malade, passe-debout, laissez-passer, rendez-vous,
venez-y-voir, boute-feu, serre-tête, casse-tête, casse-noisette,
chausse-pied, coupe-jarrets, gobe-mouches, trompe-l'œil, va-
nu-pieds, passe-partout, va-tout, qu'en-dira-t-on, passe-droit.

NOM COLLECTIF.

434-437. Quand le collectif est général, c'est à lui
que se rapportent les corrélatifs (adjectifs, participes
passés, verbes personnels); quand il est partitif, c'est
au substantif suivant.

EXERCICE 9e.

CORRIGÉ.

Quel *nombre* prodigieux d'insensés réputés sages cherchent le bonheur où il n'est pas? La *plupart* le voient dans les richesses ; *beaucoup* dans les honneurs et les dignités ; et une *foule* d'autres croient le trouver dans les plaisirs ; mais l'*universalité* n'y rencontre que l'inquiétude, l'ennui et souvent le remords. On a dit : Dieu seul peut savoir la *quantité* de larmes contenue dans les yeux d'une reine. On pourrait ajouter : et la *somme* de déboires accumulée dans l'âme du voluptueux, et la *masse* de soucis et de peines qui écrase ces riches si enviés. Ne nous plaignons pas *du peu* de fortune que le ciel nous a départie : ce n'est pas *le peu*, c'est *le trop peu* de richesses qui nous rend pauvres. N'envions pas les honneurs : une *multitude* de dangers s'y rencontrent, et point de sécurité ; ni les plaisirs : *plus* d'amers regrets s'y trouvent cachés que de jouissances véritables.

Une *infinité* de gens ignorent leurs droits et leurs devoirs ; et de cette ignorance résulte pour eux non-seulement une *foule* d'erreurs, mais encore une *multitude* d'injustices que *plus* d'instruction leur ferait éviter, car c'est la *somme* de nos connaissances qui est la mesure de notre sécurité. Et *combien* de gens il y a eu jusqu'ici qui ne s'en sont pas même occupés !

On serait porté à croire qu'une *association* d'hommes instruits offre plus de garanties de bon accord et d'harmonie qu'une *multitude* d'ignorants dépourvus de toute politesse comme de toute instruction. Ce serait compter sans la vanité humaine. Supposons réunis dans un but commun un *nombre* d'individus un peu considérable, avec la *somme* de zèle et de connaissances voulue. Écoutez-les. Est-ce là ce *concert* d'idées et d'efforts auquel vous vous étiez attendus? Est-ce là cet *ensemble* de vues qui aurait dû présider à toute la délibération ? Non. Cette *multitude* de savants, d'orateurs n'est plus liée par rien de commun. C'est une *cohue* d'individualités qui ne pensent qu'à elles, ne voient qu'elles ne parlent que pour elles.

NOMS A DEUX GENRES.

438-447. *Amour, délice, orgue* sont masculins au singulier, et féminins au pluriel.

Aigle est masculin excepté quand il est pris pour enseigne.

Couple signifiant simplement *deux* est féminin ; autrement, masculin.

Élève, enfant, esclave sont masculins ou féminins, selon le sexe.

Foudre est féminin au propre ; autrement, masculin. Au propre, avec un adjectif, il est masculin ou féminin.

Exemple d'écriture est féminin ; sinon, masculin.

Gens est masculin pour les mots qui suivent, féminin pour ceux qui précèdent, excepté les adjectifs imparisyllabiques (*) le précédant immédiatement.

Hymne d'église est féminin ; sinon, masculin.

EXERCICE 10e.

CORRIGÉ.

Il n'y a selon moi de *bon* orgue et *bel* orgue qu'à la condition d'un temple majestueux et d'un organiste inspiré. Quant à ces orgues *exiguës* et sans puissance *établies* dans beaucoup d'églises et de chapelles, je ne les ai jamais *entendues* avec beaucoup moins de déplaisir que ces autres orgues si justement *nommées* de Barbarie, dont nos rues et nos carrefours étaient naguère importunés. Mais *quelles* délices que d'entendre *un* orgue véritable *manié* par un artiste habile, sous les voûtes, par exemple, de Notre-Dame de Paris !

L'amour *vrai* n'est plus qu'au village ; la ville ne connaît que les amours *intéressées* ou les amours *corrompues*, et ce ne sont pas certes les *vraies* amours.

(*) Les adjectifs imparisyllabiques sont ceux qui ont plus de syllabes au féminin qu'au masculin, comme *charmant*, dont le féminin est *charmante*.

Si j'étais roi, c'est du bonheur de mes sujets que je ferais mon unique gloire et mes *seules* délices.

Quel aigle que ce Bossuet, et qu'on a justement comparé son génie à l'aigle intrépide et *hardi* dont le vol et les yeux défient l'espace et le soleil ! C'est à une assimilation analogue, mais moins juste, qu'on a dû l'aigle *romaine* et tant d'autres emblèmes de ce genre.

Un aigle sur un champ prétendant droit d'aubaine,
Ne fait point assigner *un* aigle à la huitaine.

L'antiquité nous offre Philémon et Baucis comme *un* exemple de couple bien *assorti*.
Une couple d'œufs, du pain frais, du lait et des fruits, *quel* délice en fait de repas !

Attendez, leur dit-il, couple lâche et *rusé ;*
Et jugez si ma main, aux grands exploits novice,
Lance à mes ennemis un livre qui mollisse.

Votre sœur, mon cher enfant, est comme vous *un* enfant aimable ; et si vous êtes *un* élève d'élite, elle est, elle, *une* élève *intelligente* et *instruite*. Il ne vous manque que de vous aimer.
Le chemin des bons préceptes est plus long que celui des *bons* exemples.
Les *meilleures* exemples d'écriture sont *celles* que le maître a *tracées* lui-même sous les yeux de l'élève.
Les hymnes les plus *beaux* sont *ceux* qu'a *inspirés* l'amour de la patrie.

EXERCICE 11e.

CORRIGÉ.

La foudre éclate sur les lieux élevés, *elle* respecte ou dédaigne ce qui ne semble pas *la* braver.
Quel foudre que ce guerrier ! C'était *la* foudre que sa marche, c'était *la* foudre que son bras.
Que sont *devenus* tous ces foudres de guerre ? Quelque foudre (*nouveau ou nouvelle*) les aura *mis* en poudre.
Les foudres de l'église ne sont plus *respectées ;* il n'y a plus

de *redoutés* aujourd'hui que les foudres d'airain et les foudres de guerre. Les foudres d'éloquence sont bien *tombés ;* et quant aux foudres *destinés* à contenir du vin, je veux bien que *la* foudre les mette en pièces si je sais pourquoi *ils* sont ainsi *nommés.*

Tous les gens *querelleurs,* jusqu'aux simples mâtins,
Au dire de chacun, étaient de petits saints.

Où trouverez-vous de *pareilles* gens, des gens plus honnêtes, plus *bienveillants* et plus *estimés ?*

Mes gens, à moi, sont les braves et *bonnes* gens, les gens *laborieux* et *dévoués,* pour qui il n'y a de *petites* gens que les *sottes* gens, et qui aident de tout leur pouvoir les pauvres gens.

Les hymnes *anciens* étaient des odes exclusivement religieuses. Chez les modernes, tout en conservant ce type primitif, l'hymne s'est *étendu* à tout ce qui revêt un caractère sacré, la patrie, par exemple aussi bien que la religion. De là beaucoup d'hymnes *produits* chez les différents peuples ; mais en France surtout, la Marseillaise, qui est bien *le* plus sublime des hymnes patriotiques. Quant aux chants exécutés sous le nom d'hymnes dans les églises catholiques, ils ont perdu en grammaire. Ainsi l'on dit : Santeuil a fait de *belles* hymnes. — Quelques hymnes d'église sont *pleines* de pensées sublimes. — Après que l'hymne eut été *chantée,* etc.

NOMS ÉTRANGERS.

447 (*bis*). Prennent la marque du pluriel les mots francisés par l'usage, et, en général, *accessit, album, alibi, alinéa, aparté, bravo, concerto, debet* (*débè*), *domino, duo, folio, imbroglio, impromptu, mémento, numéro, opéra, oratorio, panorama, pensum, quatuor, récépissé, reliquat* (*relica*), *recto, soprano, spécimen, trio, verso, vertigo, virago, zéro.*

Les autres sont invariables.

EXERCICE 12e.

CORRIGÉ.

Des *accessits* dans toutes les principales parties d'un programme sont préférables à des prix dans une ou deux parties seulement.

En voyage, remplissez vos *albums* de dessins et d'annotations qui puissent vous servir au retour.

Les *pater*, les *ave*, et généralement les prières dites des lèvres, ne valent pas celles du cœur.

Des beautés solides sont préférables à ces *concetti* brillants qui font la joie de certains amateurs.

Les *alibi* seront toujours les plus sûrs moyens de prouver l'innocence des prévenus.

Notre proposition a été accueillie par des *bravos* répétés et des *vivat* enthousiastes.

Débarrassons-nous de tous ces *débets* et *reliquats*; ils éternisent les comptes et entravent les affaires.

Que d'*impromptus* préparés à l'avance, achetés, volés même, et nullement improvisés ! — Que d'*in-folio* dont on ne pourrait extraire de quoi remplir le plus petit *in-douze* !

On a souvent chanté des *te Deum* qu'on aurait mieux appelés des *requiem*.

Les *déficit* dans les affaires et surtout dans les mœurs ont souvent amené la ruine des familles et la chute des États.

Que de joies, hélas ! changées en douleurs, et d'*alleluia* triomphants en tristes *miserere* !

Il y a généralement trop d'*apartés* dans les pièces modernes : cela choque la vraisemblance et nuit à l'illusion.

Laissons de nous, comme *mémentos* impérissables, des vertus et des bienfaits.

Les mauvais élèves sont toujours accablés de *pensums*, et les bons gratifiés de *satisfecit* et d'*exeat*.

PRONOM PERSONNEL.

198-201. Pour l'adjectif et le participe qui s'y rapportent, *vous* est singulier, masculin ou féminin selon le cas, lorsqu'il ne représente qu'une personne. Sinon, il est pluriel. Mais pour le verbe personnel, il est toujours pluriel. *Nous* est dans le même cas.

Le pronom *leur* est invariable quand il est personnel, et variable lorsqu'il est possessif.

Se est toujours complément d'un verbe qui suit.

sujet ou attribut ; avant un nom, c'est un adjectif.

EXERCICE 13e.

CORRIGÉ.

Vous serez *chéri* de tous, mon enfant, si vous êtes *bon*, *sage*
et studieux.

Eh ! bonjour, monsieur du Corbeau ! que vous êtes *joli !* que
vous me semblez *beau !*

Nous sommes (je suis) *signalé* comme nous étant (m'étant)
un peu *risqué* dans la première partie de notre (mon) ouvrage.
Nous sommes (je suis) loin d'en être *convaincu ;* car c'est la
partie, au contraire, où nous croyons (je crois) nous être (m'ê-
tre) *appuyé* sur les preuves les plus fortes.

Nous avons (j'ai), comme un journaliste consciencieux que
nous sommes (je suis), simplement usé de notre (mon) droit
de critique, sans être *sorti* des bornes d'une polémique sage et
mesurée.

Je voudrais *leur* faire comprendre que *leurs* vrais intérêts
sont précisément qu'on *leur* refuse *leur* demande.

Laissez aux méchants *leur* fortune, ne *leur* enviez pas *leurs*
trésors.

Nos intérêts ne sont pas les *leurs*, mais nous ne pouvons en
conscience *leur* laisser ignorer une chose qui *leur* importe si
fort.

La justice est innée chez les enfants : ce qu'on *leur* a promis, il faut qu'on le *leur* donne.

Les hommes ne pèchent point par ignorance ; *leur* conscience *leur* indique à chaque instant *leur* devoir.

C'est *se* préparer un triste avenir que de *se* laisser aller
ainsi à la nonchalance. *Ce* lâche abandon de soi-même *s'est*
vu plus d'une fois chez les jeunes gens ; mais peu *s'en* sont
bien trouvés, et le mépris et la misère *se* sont bientôt chargés
de punir en eux *ce* vice dégradant.

Celui qui *se* repent sincèrement, *se* corrige.

Nous ne semblons pas nous douter que la vie *s'écoule*, si *ce*
n'est lorsqu'elle va *s'évanouir* pour jamais.

PRONOM RELATIF.

Le pronom relatif, comme tout pronom, au reste,

doit avoir le genre, le nombre et la personne du nom dont il tient la place, et il les donne : le genre et le nombre à l'adjectif et au participe passé ; la personne et le nombre au verbe personnel.

EXERCICE 14e.

CORRIGÉ.

Ne nous plaignons pas de la nature, mais de nous-mêmes, qui *sommes* seuls la cause de nos malheurs.

Les biens après *lesquels* nous courons, n'ont rien qui *doivent* nous tenter : *ils* nous *éblouissent, ils* nous *trompent, ils* nous *échappent.*

L'amitié est la plus douce chose que le ciel ait *donnée* à la terre. Par *elle*, il n'est pas de douleur qui ne *soit adoucie*, pas de jouissance qui ne *soit doublée.*

Oublions les torts que les autres ont *eus* envers nous, si nous voulons *qu'ils oublient* ceux que nous avons *eus* envers eux.

Les personnes *auxquelles* on se fie le plus, sont ordinairement celles *desquelles* on devrait le plus se défier.

Celui qui *dit* tout ce *qu'il pense*, ne pense pas tout ce *qu'il dit.*

Si vous vous reconnaissez des défauts, combattez-*les* opiniâtrément jusqu'à ce que vous *les* ayez *vaincus.*

L'amitié véritable est celle qui n'est jamais ni *rompue* ni *détruite*, qui *meurt* avec l'homme, et pour *laquelle* l'homme est prêt à mourir.

Ceux qui *instruisent* les hommes, paraissent ne rien faire, mais il n'y a personne peut-être qui *ait* des occupations plus nombreuses et plus utiles.

Fréquentons ceux qui *peuvent* nous rendre meilleurs, et qui nous *donnent* d'utiles conseils.

Méprisons les brillantes superfluités qui *sont recherchées* par le commun des hommes, comme ornements et parures. C'est la seule vertu qui *doit* nous charmer.

Tu le trahis, toi qui lui *dois* tout. — Je suis un orphelin, qui de *ses* parents *n'a* jamais eu connaissance.

Nous avons toujours été pour lui de vrais amis qui ne lui *ont* fait que du bien. C'est nous qui *avons* fait de lui ce qu'il est maintenant.

PRONOM POSSESSIF, DÉMONSTRATIF.

Le pronom possessif varie comme adjectif.

Le nôtre, la nôtre, les nôtres sont pronoms. *Notre* et *votre* sont adjectifs.

Celui-ci, celle-ci, ceux-ci, celles-ci, ceci s'emploient pour les personnes ou les choses les plus rapprochées; *celui-là, celle-là, ceux-là, celles-là, cela* pour les personnes et les choses les plus éloignées.

Souvent *ceci* annonce ce qu'on va dire ; et *cela* rappelle ce qu'on a dit.

EXERCICE 15e.

CORRIGÉ.

Nous devons aimer les *nôtres* sans doute, mais non exclusivement. Tout ce qui est homme a droit à *notre* intérêt.

Si nous étions tous véritablement frères, nous dirions au malheureux : Console-toi de la perte de ta fortune, la *nôtre* est devenue *la tienne*, et *notre* foyer *le tien*, comme ta souffrance est la *nôtre*, puisque, en frères, nous devons tout partager.

Les lois des anciens étaient peut-être moins parfaites que les *nôtres ;* mais est-il bien certain que nos actions soient plus pures que les *leurs.*

Vos principes ne sont pas les *miens ;* les *vôtres* tendent à une vie douce et molle, les *miens* à une vie laborieuse et utile.

On voit les maux d'autrui d'un autre œil que les *siens.*

En présence d'un acte de dévouement à accomplir, un premier mouvement nous y porte, un second nous en éloigne : c'est celui-là, non celui-ci qu'il faut suivre.

On répare les fautes de la liberté, *celles* de l'honneur jamais.

Je ne connais de biens que *ceux* que l'on partage.

Vous qui ne savez pas ce que c'est que de songer aux autres, écoutez bien *ceci : Celui* qui ne pense qu'à lui-même, mourra délaissé ; car lorsqu'on a semé l'égoïsme, on doit recueillir l'égoïsme. *Cela* n'est que juste, et ne doit point nous surprendre.

PRONOM INDÉFINI.

202-208. *On*, quand il est complétement indéfini, est masculin singulier ; mais il peut être défini jusqu'à avoir le genre et le nombre pour l'adjectif et le parti- cipe passé ; le verbe dont il est sujet, est toujours à la 3e personne du singulier.

Chacun, aucun, nul sont toujours singuliers.

Personne est masculin singulier quand il signifie *pas une personne*. Dans les autres cas, c'est un nom féminin.

Rien est un pronom singulier quand il veut dire *pas une chose*. Autrement, c'est un nom masculin.

Quelque chose, signifiant *une chose*, est masculin singulier. Quand il veut dire *quelle que soit la chose*, le mot *chose* est féminin.

Tout, pronom, est masculin singulier quand il si- gnifie *toute chose*. Il est masculin pluriel quand il représente les personnes. Quand il est employé pour des objets ou des personnes déterminées, il est entièrement variable.

EXERCICE 16e.

CORRIGÉ.

Nul n est riche en naissant. Quiconque vient à la lumière, doit se contenter d'un peu de lait et d'un lambeau de linge.

Qu'*aucune* de nos heures ne se *passe* sans travail ; *aucune* de nos journées sans une bonne action.

C'est quelque chose d'*étonnant* que sa science ; mais quelque chose de plus *étonnant* encore que sa modestie.

Quelque chose que nous ayons *faite* pour lui rendre le cou- rage, nous n'avons pu y réussir.

Sachez qu'il n'y a rien de fait, s'il reste quelque chose *d'in- achevé*.

Tous savent ce qu'il faut faire, mais *tous* ne le font pas.

Tout est fini entre deux amis quand l'un des deux a perdu sa fortune.

Aucun ne le *connaît*, *nul* ne s'en *souvient*, et *chacun* en *parle* comme *s'il l'avait* connu.

Connaît-on personne qui soit plus *intelligent*, personne qui soit plus *bienveillant* que cette *charmante* personne?

Le talent du flatteur, c'est de parler à *chacun* de *ses* qualités, à personne de *ses* défauts.

On se disait *inséparables*, et l'on s'est *séparés*; on se disait *dévoués* l'un à l'autre, et l'on s'est *quittés*, du reste, comme on *s'était unis*, sans réflexion, avant de s'être *connus* et même *étudiés*.

Quand on est reine, on est trop *grande* pour les petits; trop *heureuse* pour les infortunés.

ACCORD DE L'ADJECTIF.

241-243. L'adjectif s'accorde en genre et en nombre avec son substantif.

Si l'adjectif se rapporte à plusieurs substantifs, il est pluriel.

Si les substantifs n'ont pas le même genre, l'adjectif est masculin pluriel.

Dans ce dernier cas, il ne s'accorde qu'avec le substantif le plus proche pourvu que se trouvent réunies les trois conditions suivantes :

1° Que les substantifs représentent des choses.

2° Que le féminin soit le plus rapproché de l'adjectif.

3° Que l'adjectif soit imparisyllabique.

Exemple : Il a montré un courage et une prudence *étonnante*.

Quand les substantifs auxquels l'adjectif se rapporte, sont joints par *ou*, l'adjectif ne s'accorde qu'avec le dernier.

Quand les substantifs sont joints par *ni*, l'adjectif s'accorde avec tous si *ni* renferme *et*; mais seulement avec le dernier, si *ni* renferme *ou*. Exemples : Ni Pierre ni Paul ne sont *attentifs*. Ni Pierre ni Paul ne sera *choisi* pour cette place.

EXERCICE 17ᵉ.

CORRIGÉ.

La charité est *patiente, douce, bienfaisante*.

De *tous* les plaisirs, le plus *doux* est celui d'une conscience *pure*.

Il (le coursier) fend l'onde *écumante*, affronte un pont *nouveau ;*

Il a le ventre *court*, l'encolure *hardie*,
Une tête *effilée*, une croupe *arrondie*.

Les lions sont *généreux*, les loups *cruels*, les renards *rusés*, les chiens *dociles* et *fidèles*.

Les hommes *simples* et *droits* sont peu *défiants*, ce qui les rend *faciles* à tromper.

Une *belle* fortune, *une illustre* naissance ne dispensent pas les hommes d'être *honnêtes, justes* et *bienfaisants*.

Socrate et sa femme étaient bien *différents* de caractère. Il était, lui, *doux* et *patient ;* elle, *acariâtre* et *méchante*.

Les astronomes ont calculé avec *une* très-*grande* précision de combien sont *éloignés* le soleil et la terre.

Si vous trouvez *bonnes* nos exhortations et nos conseils, vous en profiterez. Si vous trouvez *bons* nos conseils et nos exhortations, vous en profiterez.

Beaucoup d'incidents et d'aventures *diverses* ont retardé notre arrivée. Beaucoup d'aventures et d'incidents *divers* ont retardé notre arrivée.

Nous croyons l'un et l'autre *coupables*, il faut que l'un et l'autre soient *pardonnés* ou *punis*.

L'esclavage ou la mort était *réservée* au lâche qui avait trahi sa patrie.

Il fallait une force ou une habileté *extraordinaire* au milieu de *telles* difficultés.

Ni la puissance ni la richesse ne seraient *capables* de remplir le vide de notre cœur.

Ni vous ni moi ne serons *complices* d'une *pareille* lâcheté.

Ni Pierre ni Paul ne *pourra* être *choisi* pour remplir cette place, bien que ni l'un ni l'autre ne se *croient indignes* de l'obtenir.

EXERCICE 18e.

CORRIGÉ.

J'admirais cette force, cette constance véritablement *stoï-
que*, ce courage, cette intrépidité *étonnante*, tout à fait *digne*
des *anciens* âges.

Les guerres de Louis XIV avaient réduit le pays à une
pauvreté, à une misère si *grande* que des milliers de malheureux périssaient de faim le long des routes et dans les
champs.

Le mérite, aussi bien que la naissance, est aujourd'hui *capable* d'ouvrir à un jeune homme la carrière des honneurs.

Le riche, ainsi que le pauvre, est *sujet* à la mort; le grand
et le petit s'en iront en poussière, et l'un comme l'autre n'em-
portera que le bien ou le mal qu'il aura *fait*.

Il y en a qui aiment les cheveux *noir* ou *brun-foncé*, d'autres les *châtain-clair*, d'autres encore les *blond-cendré*; quelquefois la mode a fait triompher les *blond-ardent* et les *rouge-
feu*. Dans les vêtements, mêmes caprices; ils sont, d'après la
fantaisie du jour, *rose-tendre*, *gris-perle*, *vert-pré*, etc.

Certains moines vont *nu-pieds*, sauf qu'ils portent des san-
dales; bien des pauvres aussi vont pieds *nus*, mais c'est, hélas!
par besoin.

Que de choses l'on ferait en une *demi*-heure, et vous avez
devant vous des heures, des journées entières, des années!

Je ferais entrer dans une *demi*-page ce que vous ne pouvez
faire tenir dans une page et *demie*.

Les départs ont lieu à toutes les heures, et les retours à
toutes les *démies*.

Les *demi-dieux* étaient des hommes qui s'étaient distingués
par de grandes actions.

Que ma *feue* tante était bonne, et comme elle me gâtait!
Moins cependant que *feu* ma grand'mère. Je les ai *toutes* les
deux bien souvent *regrettées*.

Feu votre mère était une personne bien *instruite* et bien
avisée.

ADJECTIF POSSESSIF, DÉMONSTRATIF.

454-457. *Ses* est adjectif possessif, *ces* adjectif démonstratif, au pluriel ; *cet* est adjectif démonstratif singulier, pour *ce*, devant une voyelle.

Leur possessif est variable.

Notre, *votre* ne prennent pas d'accent quand ils sont adjectifs.

EXERCICE 19e.

CORRIGÉ.

Ses parents lui ont laissé peu de fortune ; mais avec *ses* dispositions naturelles et son amour du travail, il aura bientôt laissé derrière lui tous *ses* concurrents.

Nous avons adopté toutes *ces* mesures et pris toutes *ces* précautions pour sortir enfin de tous *ces* embarras qui nous gênent et nous fatiguent.

Qui connaît *ses* droits, connaît *ses* forces : instruisez-vous et vous serez forts.

A l'instant, ils poussèrent *leurs* coursiers, et fondirent l'un sur l'autre avec tant d'impétuosité qu'ils se percèrent mutuellement de *leurs* lances.

Ils trouvèrent *leurs* parts faites sans aucune espèce de justice, et protestèrent contre *cette* violation de *leurs* droits.

Leur choc fut rude, *leurs* coups terribles, et *leur* bravoure égale, mais *leurs* destins différents.

Ces gens ne sont plus à craindre, *leurs* ruses sont percées à jour ; ils perdent *leur* temps et *leur* peine à vouloir nous tromper.

Cet élève est un modèle d'application. Tous *ces* moments si précieux que perdent *ses* condisciples, *ce* studieux enfant les emploie, lui, à l'étude ; tous *ces* devoirs que tant d'autres négligent, il s'en acquitte avec le plus grand soin. De là *cette* grande affection qu'on lui porte, et *ces* progrès qu'on ne peut s'empêcher d'admirer.

De tous *ces* grands hommes que l'on vante, c'est à peine si bientôt il restera quelques noms plus ou moins fameux, et de *ces* noms eux-mêmes un vain son.

L'envieux est son propre bourreau : nos joies font *ses* déplaisirs, *notre* bonheur fait son supplice.

Les enfants sont en général ce que les font *leurs* parents : si *leur* mère est vertueuse, si *leur* père est homme de bien, comment eux-mêmes seraient-ils méchants ?

ADJECTIF NUMÉRAL.

458-466. *Un* fait *une* au féminin, sans pluriel naturellement.

Vingt et *cent*, au pluriel, ne sont variables qu'après un autre adjectif numéral à la fin d'une quantité. Dans les noms de date, ils sont toujours invariables.

Mille, adjectif numéral cardinal, est invariable. Quand il est ordinal (dans les dates), il s'écrit *mille* 1° s'il termine la quantité, 2° s'il n'appartient pas à l'ère chrétienne. Sinon, il s'écrit *mil*. — *Mille*, mesure itinéraire, est un nom commun.

Les adjectifs ordinaux, quand ils marquent succession généalogique, ou qu'ils indiquent la distribution des parties d'un ouvrage, s'écrivent en chiffres romains, ordinairement.

Les noms de nombre *douzaine, millier, million*, etc., véritables substantifs collectifs, sont variables.

Dans l'énonciation écrite d'unités quelconques avec une ou plusieurs dizaines jusqu'à 99, on remplace par un trait d'union la conjonction *et* presque partout supprimée.

EXERCICE 20e.

CORRIGÉ.

Les jeunes gens semblent croire que *vingt* francs et *vingt* ans ne doivent jamais finir.

L'âge de l'homme n'arrive guère aujourd'hui à *cent* ans ; les anciens patriarches vivaient quelquefois, dit-on, au delà de *neuf cents* ans.

Il y a peu d'époques dans l'histoire aussi remarquables que celle de *mil sept cent quatre vingt-neuf.*

La vanité de la gloire humaine a coûté le sang de combien de *millions* d'hommes !

Puisque les *premières* impressions sont les plus durables, ne donnons que de bons exemples aux enfants.

Le *second* mouvement est rarement exempt d'égoïsme.

Ils étaient *quatre-vingts* à peine, opposés à plus de *quatre cents*.

Vingt, plus *cent*, plus *quatre-vingt*, égalent *deux cent*, moins *quinze* égalent *cent quatre-vingt-cinq*.

L'an *mille* fut une époque de sotte et honteuse crédulité, que l'on reverra peut-être en l'an *deux mille*, quoique nous nous en moquions en *mil huit cent soixante-douze*.

Les Lacédémoniens vainqueurs imposèrent aux Athéniens *trente* magistrats qu'on a appelés les *Trente*.

Il y a en grammaire *trois* personnes : la *première*, qui est celle qui parle ; la *deuxième*, qui est celle à qui l'on parle ; et la *troisième*, qui est celle dont on parle.

Dans le royaume du Ciel, les *premiers*, dit l'Évangile, seront les derniers, et les derniers les *premiers*.

Les plus remarquables de nos souverains sont sans contredit Charlemagne, Louis XIV et Napoléon Ier.

EXERCICE 21e.

CORRIGÉ.

Se peut-il que l'on sacrifie tant de *milliers* d'hommes et de *milliards* d'argent à de sottes querelles de peuples ou de souverains ?

Nous partîmes *cinq cents* ; mais par un prompt renfort,
Nous nous vîmes *trois mille* en arrivant au port.

L'an *mille* de notre ère a donné lieu à de grandes terreurs parmi les chrétiens, qui croyaient à la fin du monde en cette année-là.

Notre histoire s'étend, si on la commence à Clovis, depuis l'an *quatre cent quatre-vingt-un* jusqu'à l'année présente *mil huit cent...*

Trois cent mille hommes périrent, dit-on, du côté des Sarrasins à la bataille de Poitiers.

Charlemagne fut fait empereur l'an *huit cent*. Cet empire ne dura guère : moins de *cent* ans après, il n'en restait que des débris.

Le mouvement des Communes, commencé, prétend-on, en *mil cent huit*, sous Louis VI, prit une allure plus ferme en *mil cent quatre-vingt*, sous Philippe II.

Les *milles* anglais diffèrent beaucoup des *milles* allemands ;

et ceux-ci, de ceux des autres peuples. Ces différences ne sont pas sans occasionner de certaines difficultés dans les rapports entre les peuples. Si, comme déjà la chose a commencé sur quelques points, tous ces *milles* finissent par faire place à nos mesures kilométriques, il n'existera plus enfin d'autres *milles* que les unités de ce nom.

On évaluait autrefois les fortunes par *mille* ou *dizaines de mille* quelquefois par *centaines de mille* francs ; aujourd'hui c'est par *millions*.

Cette pièce a été profondément remaniée : l'acte II est devenu le IV, et l'acte III le V.

Les *premières* années de Louis XV avaient fait espérer un bon roi ; mais la nation a été cruellement trompée.

ADJECTIF INDÉFINI.

467-469. *Même* est adjectif quand il est immédiatement avant ou après le substantif, pourvu, dans ce dernier cas, que le substantif soit seul. Séparé du substantif ou après plusieurs, il est adverbe.

Tout, quand il est nom, s'écrit *touts* au pluriel ; lorsqu'il est pronom indéfini, il s'écrit *tout* s'il signifie *toute chose*, et est masculin singulier ; *tous*, s'il signifie *des personnes*, et est masculin pluriel. Il peut être déterminé et, au féminin pluriel, s'écrit *toutes*.

Quand *tout* est adjectif, il est variable comme un adjectif ordinaire.

Enfin, quand il est adverbe, il est, comme tel, invariable, si ce n'est par euphonie devant un adjectif féminin, commençant par une consonne ou par *h* aspiré.

Quelque forme deux mots ou seulement un mot :

1° Deux mots devant un verbe. C'est alors l'adjectif *quel*, variable, et la conjonction *que*.

2° Un mot seulement dans les autres cas. Et c'est l'adjectif variable *quelque* s'il modifie un substantif suivant ; dans les autres cas, c'est l'adverbe *quelque*, invariable.

Quelque est encore adverbe quand il signifie *environ*.

EXERCICE 22ᵉ.

CORRIGÉ.

Vous n'avez fait *aucun* effort, et ne pouvez conserver *nul* espoir.

Chaque chose doit être faite en son temps, et *chaque* objet mis en son lieu. L'homme aussi a besoin d'occuper dans la vie une place, une position *quelconque* sous peine d'y être à charge ou tout au moins inutile.

Quelles femmes que les Lucrèce, les Cornélie, les Arrie, et tant d'autres !

Vingt fois on a dit au paresseux : Travaille. Il n'en a tenu *aucun* compte ; il a négligé *tout* travail ; *quelques* raisons qu'il eût de s'occuper, *quel que* fût le besoin qu'il avait de s'instruire, jamais il n'a fait *nul* effort. Aussi, *quelle* ignorance est la sienne, et *quels* reproches doit lui faire sa conscience d'avoir vécu dans une *telle* apathie !

Sachons, avant d'entreprendre *une* affaire, *quelle qu*'elle soit, *quels* moyens nous avons de la terminer.

Il était de très-facile accès : les plus pauvres *mêmes* pouvaient l'aborder ; il écoutait ceux *mêmes* qui semblaient étrangers aux affaires, persuadé que *même* les moins habiles peuvent donner un utile conseil.

Les enseignements de l'histoire sont fondés sur l'axiome que les *mêmes* causes produisent les *mêmes* effets.

La raison, les convenances, vos intérêts *même* exigent de vous ce sacrifice.

Il tourna contre eux avec son habileté ordinaire *même* les embûches qu'ils lui avaient dressées.

Tous les moyens lui étaient bons, *même* ceux que réprouvent la délicatesse et l'honneur.

EXERCICE 23ᵉ.

CORRIGÉ.

Le monde est un *tout* immense, dont *toutes* les parties forment à leur tour autant de *touts* distincts non moins admirables que le premier.

Tous m'ont paru déterminés à *tout* souffrir plutôt que de si indignes traitements.

Tous m'osaient menacer, je les ai bravés *tous*.

Cette infortune ne pouvait être secourue que par des femmes : *toutes* ont été à la hauteur de leur mission, *toutes* ont fait *tous* les sacrifices qu'il a fallu.

Ils ont agi en *tout* bien, *tout* honneur, s'appliquant à *tous* leurs devoirs et les remplissant *tous*. Maintenant ils peuvent braver *tous* les reproches, et défier *tous* les regards.

Tout grands que sont les rois, ils sont ce que nous som-
[mes,
Et peuvent se tromper comme les autres hommes.

Toute consolante que paraît cette perspective, *toutes* nos douleurs ne sont pas finies.

L'incendie éclata *tout* à coup ; en un instant, la maison parut *tout* en feu.

Cette femme est devenue *tout* autre qu'on ne l'avait connue, on la voit maintenant *tout* entière à ses occupations.

Soyons *tout* yeux et *tout* oreilles lorsqu'il s'agit de nous instruire, *tout* nous en fait une loi.

J'avoue que *toute* autre carrière me plairait davantage ; mais *toute* position n'étant après *tout* que ce qu'on la fait, je l'accepte comme pouvant devenir avantageuse.

Je croyais à cette personne une *tout* autre assurance, et ne m'attendais pas à la voir ainsi *toute* intimidée et *toute* tremblante.

EXERCICE 24ᵉ.

CORRIGÉ.

Quelles que soient ta force et ta puissance, je ne te crains pas, disait le moucheron au lion.

Quelles que puissent être nos infortunes, supportons-les sans nous plaindre, comme il convient à des hommes.

Quels que paraissent son esprit et sa science, qu'est-ce que *quelques* mots qu'il a appris, *quelques* règles qu'il a retenues, à côté de ce qui lui reste à apprendre ?

Quelques avantages que vous promette une mauvaise action, ne la faites pas ; *quelques* périls nombreux que présente un acte de vertu, n'hésitez pas à l'accomplir.

Quelques grands efforts que nous ayons faits, notre tâche n'est pas remplie, *quelque* peu qu'il nous reste à faire.

Quelle que soit l'ardeur que vous avez montrée pour l'étude, *quelque* persévérance que vous y ayez apportée, *quelques* succès même que vous y ayez obtenus, gardez-vous de vous relâcher en rien.

Quelque prudents qu'on les dise, que de fois ils se sont compromis !

Quelque puissants que nous soyons, n'oublions pas que nous sommes des hommes.

Les ignorants ne repoussent aucune croyance, *quelque* absurde qu'elle puisse être.

Quelque rigides que paraissent les maximes de la vertu, et *quelle* qu'en semble la dureté, il faut la pratiquer sans aucune faiblesse.

L'humanité a bien réalisé *quelques* progrès depuis *quelque* soixante-quinze ans qu'elle lutte contre l'ignorance.

Quelque pauvres que soient ces malheureux, ils n'ont pas cessé pour nous d'être hommes.

Quelques grands savants que vous soyez, vous ne devez mépriser personne.

————

MODES ET TEMPS.

Voir les conjugaisons.

EXERCICE 25ᵉ.

CORRIGÉ.

L'homme *agit* plus qu'il ne *pense*, de là *viennent* tant d'incertitudes et d'erreurs.

Les premiers hommes se *nourrissaient* de gland, et *ignoraient* toutes les aisances et commodités de la vie.

Le chemin qui *conduit* aux richesses, n'est pas celui qui *conduit* au bonheur.

Un roi qui ne *songe* qu'à se faire craindre, *est* le fléau du genre humain. Il *est* craint comme il le *veut* être, mais il *est* haï, et il *a* encore plus à craindre de ses sujets que ses sujets *n'ont* à craindre de lui.

Lorsque tout *est* en feu par la guerre, les lois *languissent*, les arts et l'agriculture *sont* négligés.

Celui qui *met* un frein à la fureur des flots,
Sait aussi des méchants arrêter les complots.

— Les plaisirs *coûtent* cher et ne *donnent* pas le bonheur ; la vertu le *donne* et ne *coûte* rien.

Les événements que nous *avons vus* nous *ont fait* croire à la Providence. C'est elle qui les *a conduits*, et les hommes n'en *ont été* que les ministres et les instruments.

Les Romains *ont étonné* le monde par la grandeur des actions qu'ils *ont faites* ; les peuples qui les *ont précédés*, ceux qui les *ont suivis*, n'*ont fait* rien de comparable.

Pendant que les autres philosophes *enseignaient* la connaissance de la nature, Socrate *recommandait* celle de soi-même.

Lorsque vous *avez souffert*, j'*ai souffert* autant que vous, et je me *désolais* de mon impuissance à vous secourir.

___

EXERCICE 26ᵉ.

CORRIGÉ.

Oreste et Pylade *ont été* de vrais amis, qui se *sont dévoués* l'un pour l'autre. Le premier *avait été* condamné à mourir ; mais ceux qui *voulaient* sa mort, ne le *connaissaient* pas, et Pylade *prétendait* que c'était lui-même qui *était* Oreste, tandis que, de son côté, Oreste *soutenait* que c'était lui.

Ces esclaves lui *disaient* : N'*étions*-nous pas des hommes aussi bien que toi ? Comment *pouvais*-tu croire que tu *étais* un dieu, et ne *fallait*-il pas te souvenir que tu *étais* de la race des autres hommes ?

La nature, quand elle nous *créa*, *mit* en nous l'instinct du bien ; elle y *grava* en traits de feu la loi du dévouement et de la bienfaisance.

Démosthène *fut* un orateur puissant. Il *lutta* avec acharnement contre la nature, et *sortit* victorieux de la lutte.

Les premiers hommes *durent* être étonnés plus que nous ne le *sommes* du spectacle que leur *présenta* l'univers.

La gloire *a trahi* souvent ses adorateurs, jamais la vertu n'*a trompé* les siens.

Quand nous nous *fûmes aperçus* que nous nous *étions trompés*, il *était* trop tard.

C'*est* à Washington que l'Union américaine *a dû* sa liberté. C'*est* par lui que ce vaste pays *fut* affranchi du joug des Anglais. Que de difficultés il *eut* à vaincre ! Il lui *fallut* combattre contre l'ennemi extérieur, contre l'ambition, et contre la lassitude et le découragement. Jamais il ne se *laissa* ni éblouir par le succès, ni abattre par le revers. Il *lutta* avec fermeté et persévérance aussi bien dans les conseils que sur les champs de bataille ; et il *finit* par un trait d'héroïsme qui *n'appartient* qu'à lui : il *refusa* de régner sur les siens, et se *contenta* de les avoir sauvés.

EXERCICE 27e.

CORRIGÉ.

Ce que nous *voudrons* fermement, nous le *pourrons* ; quand donc il nous *arrivera* d'échouer, c'est que la volonté nous *aura fait* défaut.

La récompense de la vertu *sera* la vertu même, c'est-à-dire le bonheur qui nous en *reviendra* quand nous l'*aurons pratiquée.*

Vous ne *serez* heureux que lorsque vous *aurez compris* la loi du devoir, et que vous en *aurez fait* la règle de votre conduite.

Nous nous *ferons* à nous-mêmes notre destinée bonne ou mauvaise selon la conduite que nous *tiendrons.*

Vous *récolterez* ce que vous *aurez semé.*

Les richesses dont nous *aurons hérité*, les honneurs dont nous *aurons été* revêtus, ne nous *sauveront* point du trépas ; mais notre savoir et nos bonnes mœurs *pourront* en adoucir l'amertume et nous *aideront* à mourir.

Vous ne *mériterez* que par vos œuvres, et ne *rachèterez* que par elles le mal que vous *aurez commis.*

On se *repentira* tôt ou tard d'avoir mal vécu : celui qui *aura passé* sa jeunesse dans l'oisiveté, *passera* sa vieillesse dans la misère.

Si l'on *écoutait* la voix de la conscience, on *éviterait* le mal, on *ferait* le bien, on *vivrait* en paix et en santé, et l'on *n'aurait* besoin ni de loi, ni de juge, ni de médecin.

Je *serais arrivé* plus tôt sans le grave accident qui m'*est survenu.*

On *prouverait* facilement que toutes les fautes *viennent* de l'ignorance. S'il *dépendait* de moi, tous *seraient* instruits.

Que de connaissances nous *aurions acquises* si nous *avions employé* à l'étude tous les moments que nous *eussions pu* y donner !

EXERCICE 28e.

CORRIGÉ.

Cours où l'honneur *t'appelle*, ne *recule* jamais devant un devoir à remplir.

Défions-nous de nous-mêmes, et *prenons* conseil d'autrui.

Travaillez, prenez de la peine, *c'est* le fonds qui *manque* le moins.

Secourons le malheureux, *consolons* l'affligé, *tendons* la main à celui qui *fait* naufrage.

Il *importe* que nous *soyons* instruits de nos devoirs, afin que nous les *remplissions ;* et de nos droits, afin que nous *puissions* les défendre.

Quelque bien que nous *désirions* obtenir, il *faut* que nous le *méritions* par le travail. Dieu *a voulu* que rien ne *soit* donné qu'à nos efforts.

Je *voudrais* que l'homme comprît bien sa dignité, afin qu'il en *fît* comme la parure et l'ornement de sa personne.

Dieu *a donné* à notre corps des pieds et des mains pour qu'il *agisse ;* et à notre esprit, la raison pour qu'il l'*écoute* et la *suive.*

Quels que *puissent* être les maux de la vie, il *est* de notre dignité que nous les *supportions* avec courage.

ACCORD DU VERBE AVEC LE SUJET.

358-361. Le verbe s'accorde avec son sujet en personne et en nombre.

Quand il a plusieurs sujets, il est pluriel.

Quand ses sujets ont des personnes différentes, il s'accorde avec la plus élevée de ces personnes.

Quand le verbe a plusieurs sujets joints par *ou,* il ne s'accorde qu'avec le dernier.

Quand les sujets sont joints par *ni,* le verbe s'accorde avec tous si *ni* renferme *et ;* mais seulement avec le dernier si *ni* renferme *ou.*

Exemples : *Ni Pierre ni Paul ne sont coupables* (Pierre *et* Paul pourraient être coupables). — *Ni*

Pierre ni Paul ne sera élu à cette place (on n'élira que Pierre *ou* Paul).

Quand les sujets d'un verbe sont synonymes, ou placés par gradation, le verbe ne s'accorde qu'avec le dernier.

Quand les sujets sont joints par les expressions *comme, ainsi que, aussi bien que,* et autres de ce genre, le verbe ne s'accorde qu'avec celui ou ceux qui précèdent *comme, ainsi que,* etc.

EXERCICE 29e.

CORRIGÉ.

Le travail et la vertu *rendent* seuls la vie heureuse.

La richesse et la gloire nous *séduisent* et nous *trompent.*

Son frère et lui *méritent* également notre estime ; l'un et l'autre *se sont* montrés dignes de tout l'intérêt qu'on leur porte.

Le ciel et la terre *passeront,* mais la justice ne passera point.

Vous et moi *comprenons* seuls la chose, et *pouvons* seuls répondre du fait.

Vous et lui *deviez* prévoir ce qui vous arrive, mon frère et moi vous *avions* prévenus.

Lui ou elle *a fait* la chose, n'en accusez que l'un des deux.

Mon frère et moi *répondrons* pour vous ; si ni l'un ni l'autre ne peut payer.

L'un ou l'autre prix vous *reviendra,* je l'espère, sinon tous les deux.

Caton ne voyait que la justice, ni crainte ni espoir ne *pouvaient* rien sur lui.

C'étaient des cœurs de pierre que jamais *n'avaient* attendris ni le malheur ni la vertu.

Ni l'un ni l'autre *n'obtiendra* cette direction, car ni l'un ni l'autre ne *disposent* d'assez puissants protecteurs.

Il ne reste qu'une place vacante : ni l'un ni l'autre n'en *sont* dignes, ni l'un ni l'autre ne *l'aura.*

Sa valeur, son intrépidité *a* entraîné toute l'armée et déterminé la victoire.

Quand la loi, la patrie au secours nous *appelle,*
Qui refuse est un lâche ; et qui fuit, un rebelle.

La puissance, comme la gloire, n'*est* qu'une fumée enivrante, une vaine pâture pour l'ambition et la vanité.

Votre destinée, aussi bien que la nôtre, *dépend* d'un caprice, d'un rien.

C'EST, CE SONT.

479-482. Le verbe *être* accompagné de *ce* s'écrit à la 3e personne du pluriel ou du singulier :

1° Du pluriel quand il est suivi d'un substantif (nom. ou pronom) pluriel autre que *nous, vous,* ou d'une série de substantifs formant une énumération complète.

2° Du singulier dans tous les autres cas.

Les verbes *pouvoir* et *devoir*, suivis de *être*, suivent la même règle.

EXERCICE 30e.

CORRIGÉ.

C'*étaient* des amis éprouvés, qui nous ont aidés quand ils étaient heureux : *serait*-ce nous qui les laisserions dans le malheur ?

Ce *sont* des enfants appliqués, ils réussiront s'ils persévèrent comme ils ont commencé.

Serait-ce bien vous qui pourriez les avoir trahis, quand c'*est* à eux que vous devez tout ?

Étaient-ce de pareils exemples qu'il fallait offrir à de tout jeunes enfants ?

Trois choses sont nécessaires à un jeune homme. Ce *sont* la modestie, l'amour du travail et l'instruction ; mais deux lui sont particulièrement indispensables, ce *sont* les deux premières.

La prudence, la justice, la modération et l'empire sur soimême : ce *sont* là les vrais biens, les seuls, par conséquent, que nous devions rechercher.

Ce qui vaudrait mieux que les richesses, ce *serait* le calme et la paix, ce *serait* le témoignage d'une bonne conscience et l'estime des honnêtes gens.

Ce *doivent* être des tortures bien cruelles que les remords.

C'*est* l'ambition et l'avarice qui, de toutes les passions, causent le plus de ravages parmi les hommes.

Ce n'*est* ni Rousseau, ni Voltaire, ce *sont* les abus de la force qui ont amené la Révolution.

C'*est* vous ou moi qui sommes responsables du fait, ce ne *sont* pas eux à qui vous devez vous en prendre.

C'*est* l'union et la concorde qui assurent la paix des familles et la stabilité des États.

Ce ne *seraient* pas des biens que tous ces avantages si vantés, s'ils n'étaient accompagnés du plus précieux de tous, qui est la vertu.

PARTICIPE PRÉSENT.

290-296.　Le participe présent est invariable.

Un mot verbal en *ant* est participe présent, en général, quand il marque une action ; et plus particulièrement :

1° Quand il est ou qu'il peut être précédé de la préposition *en*.

2° Quand il a un complément direct.

3° Quand on peut le changer en verbe personnel à l'aide d'une conjonction complétive.

Le mot verbal en *ant* est au contraire adjectif et variable, en général, quand, au lieu d'une action, il marque un état.

EXERCICE 31ᵉ.

CORRIGÉ.

C'est en *obéissant* de bonne heure que l'on apprend à commander un jour.

Vous ne deviendrez habiles qu'en *travaillant* beaucoup ; ceux qu'on voit toujours *dormant* ou *flânant* ne seront jamais des hommes capables et des génies *brillants*.

Nulle part on ne trouve des sites plus *charmants* et des paysages plus *ravissants* que dans nos Alpes du Dauphiné et de la Savoie.

Ceux qu'on voit *étalant* le plus de luxe envient peut-être sous ces dehors *brillants* le sort des misérables qui vont *mendiant* leur pain.

Des acteurs *grimaçants*, des chanteurs *glapissants*, et dix actes nullement *intéressants* : voilà le spectacle que nous avons eu.

En *travaillant* comme vous le faites, il n'est pas *étonnant* que vous alliez toujours *faisant* de nouveaux progrès ; et nous ne doutons pas que d'*éclatants* succès ne couronnent des efforts si *persévérants*.

On les voyait *haletant* (ou *haletants*) de fatigue, *se soutenant* à peine, et *menaçant* de tomber à chaque pas.

Défiez-vous des ambitieux : on les voit *professant* les plus pures doctrines, et, l'instant d'après, *démentant* leurs paroles par leurs actions.

Au milieu des prés *riants*, j'aimais à voir *bondissant* (ou *bondissants*) autour de leurs mères les agneaux *bêlants*.

La grotte était tapissée d'une jeune vigne, *étendant* de tous côtés ses bras *verdoyants* et souples ; et les zéphirs, *conservant* en ce lieu toute leur fraîcheur, y entretenaient, malgré un soleil *brûlant*, une température agréable et douce.

Quoi de plus *imposant* que l'aspect des hautes montagnes, ou de plus *effrayant* que celui d'une mer en courroux !

EXERCICE 32e.

CORRIGÉ.

Je ne verrai plus la chèvre *grimpante*, *pendant* au roc chargé de broussailles, ni l'abeille *bourdonnante*, *puisant* au sein des fleurs les sucs *nourrissants* dont elle compose sa douce ambroisie.

Nous nous étions arrêtés tout *tremblants* devant la terrible éruption. Une nuit sombre se *répandant* autour de nous, nous enlevait la vue des objets. Nous entendions seulement dans les ténèbres les enfants, les femmes et les vieillards *poussant* des lamentations et des cris *déchirants*.

Figure-toi Pyrrhus, les yeux *étincelants*,
Entrant à la lueur de nos palais *brûlants*.

On voyait au moyen âge les chevaliers *chevauchants*, *bravant* les hasards, *luttant* corps-à-corps, et *s'entre-tuant* avec une rage de bêtes fauves.

C'était un spectacle des plus *attendrissants* que de voir la mère de Darius *pleurant* la mort d'Alexandre, *refusant* toute nourriture et se *laissant* mourir pour ne pas lui survivre.

> Surtout gardez-vous bien, mémoires *chancelantes*,
> De montrer dans vos yeux deux prunelles *roulantes*.

C'est un spectacle vraiment digne des regards de la divinité que celui d'une âme courageuse *bravant* les coups du sort et *luttant* avec énergie contre l'adversité.

Les savants vont toujours *dérangeant* les livres dans leur bibliothèque, mais *classant* et *rangeant* les idées dans leur esprit ; au lieu qu'on ne voit jamais les ignorants ni *disposant* rien dans leur esprit, ni *dérangeant* rien dans leur bibliothèque.

Nous sommes venus à la vie *criant* et *pleurant*, *n'apportant* d'autres biens qu'une raison débile et des membres *souffrants* ; nous en sortirons *gémissants* ou tranquilles selon nos bonnes ou mauvaises actions.

EXERCICE 33e.

CORRIGÉ.

Nous aperçûmes des dauphins dont les écailles *brillantes* paraissaient d'or et d'azur. En se *jouant* ils soulevaient les flots avec beaucoup d'écume. Derrière eux venaient les tritons *sonnant* de la trompette avec leurs conques recourbées. On les voyait *allant* et *venant* autour du char d'Amphitrite, traîné par des chevaux marins plus blancs que la neige, qui, *fendant* l'onde salée, laissaient loin derrière eux un vaste sillon dans la mer. Leurs yeux étaient *étincelants* et leur bouche *fumante*. Le char était une conque d'une blancheur *éclatante*, et les roues étaient d'or. Derrière venaient des nymphes *nageant* en foule, couronnées de fleurs, et leurs cheveux *flottants* sur leurs épaules. La Déesse tenait d'une main un sceptre d'or, et de l'autre le petit dieu Palémon *pendant* à sa mamelle. Une grande voile de pourpre flottait dans l'air au-dessus du char, et une foule de petits zéphirs l'*enflant* à demi, s'efforçaient de la pousser de leurs haleines. On voyait Éole *s'agitant* au milieu des airs, et *cherchant* à contenir les vents de sa voix *menaçante*.

Les ambitieux profitent rarement des malheurs d'autrui, se *croyant* sans doute maîtres de la fortune, ou *espérant* se montrer supérieurs aux événements.

Il n'y a point d'emploi qui n'impose des soins pénibles ou *gênants ;* en *étendant* sa puissance, on ne fait que multiplier ses devoirs.

Ils habitaient des cavernes profondes, *vivant* de leur chasse, *errant* le jour dans ces vastes solitudes, et la nuit *reposant* sur des herbes ou des mousses, qu'ils avaient cueillies *poussant* çà et là, et dont ils avaient tapissé le fond de leurs demeures.

PARTICIPE PASSÉ.

RÈGLES GÉNÉRALES.

302-304. Quand le participe passé est sans auxiliaire, c'est un adjectif verbal, variable.

Quand le participe passé est accompagné de *être* (non mis pour *avoir*), il s'accorde toujours avec le sujet du verbe.

Quand le participe passé est avec *avoir* ou avec *être* pour *avoir*, il s'accorde seulement avec son complément direct, pourvu qu'il en soit précédé.

Ce sont là les règles générales déjà vues.

EXERCICE 34ᵉ.

CORRIGÉ.

Épuisés de fatigue, ils s'arrêtaient à chaque pas ; puis, à peine *revenus* à eux, ils reprenaient leur route, *soutenus* par la seule espérance de retrouver leurs compagnons *perdus*.

Notre faiblesse, souvent *reconnue* par nous-mêmes, devrait nous tenir en garde contre des périls jusqu'ici follement *bravés*.

Il y a des hommes *réputés* sages qui, *estimés* ce qu'ils sont en réalité, ne nous sembleraient que de pauvres fous.

Tombée d'une haute position, elle vivait *oubliée* des grands, et uniquement *occupée* d'actes de bienfaisance.

Leur mérite n'est *méconnu* de personne, leurs qualités sont *admirées* de tous.

La vertu seule doit être *recherchée ;* pourquoi les richesses sont-elles *convoitées* avec tant de passion, et les plaisirs *enviés* à ce point par l'universalité des hommes ?

Bien des villes ont été *détruites* par la guerre, bien des pays *ravagés*, sans que ces dévastations aient été *payées* par autre chose que les fumées d'une vaine gloire.

Nos moments sont *perdus* dès qu'ils ne sont pas *consacrés* au travail et à la pratique du bien.

Nous sommes *arrivés* juste pour voir que tout était *terminé*.

On est *entraîné* malgré soi par l'habitude, et l'on ne s'aperçoit bien souvent du mal que lorsqu'il est *fait*.

A tort ou à raison, l'émulation a toujours été *regardée* comme le meilleur moyen de conduire les hommes, et cette méthode leur est *appliquée* dès l'enfance.

Mon Dieu, j'ai *combattu* soixante ans pour ta gloire ;
J'ai *vu* tomber ton temple et périr ta mémoire.

Les malheurs que j'ai *éprouvés* ont *affermi* mon courage contre de nouvelles infortunes.

La gloire que ce conquérant avait *acquise* a *péri* avec lui ; ce qui lui a *survécu*, c'est le souvenir des maux qu'il a *faits*.

EXERCICE 35e.

CORRIGÉ.

Nous avons vainement *essayé* de réparer les moments que nous avions *perdus*, mais la leçon aura *profité*.

Je n'ai jamais *cru* véritablement grands ceux que j'ai *vus* fiers et superbes avec les petits, car je les ai toujours *vus* rampant (ou *rampants*) devant de plus grands qu'eux.

Nous nous sommes *aperçus* trop tard que, bien qu'ils se fussent *dits* nos amis, ils s'étaient *séparés* de nous depuis longtemps, et ne s'étaient *occupés* que de leurs intérêts.

Nous nous étions *figuré* que tous les hommes sont bons et compatissants ; c'est que nous nous les étions *figurés* sur l'image de notre propre cœur.

Le tort que vous vous êtes *fait* est incalculable. Assurément vous ne vous en étiez pas *doutés*, mais il ne s'écoulera pas beaucoup de temps avant que vous vous en soyez *aperçus*.

Quand il ne fallait que parler, tous se sont *renfermés* dans un lâche silence, et pas un ne s'est *présenté* pour défendre une cause si juste.

Nous serions-nous *doutés* qu'ils se seraient sitôt *écartés* des bons principes que leurs parents leur avaient *inculqués*?

C'est par la peine que s'est *donnée* un auteur à perfectionner son ouvrage, que sont *épargnés* au lecteur la fatigue et l'ennui.

C'est leur propre gloire, plutôt que le bonheur des peuples, que se sont toujours *proposée* les méchants rois.

Les autres législateurs s'étaient *bornés* à empêcher le mal, les lois de Lycurgue se sont *proposé* de faire naître le désir du bien.

PARTICIPE PASSÉ SUIVI D'UN INFINITIF
EXPRIMÉ OU SOUS-ENTENDU.

485. Quand le participe passé est suivi d'un infinitif (avec ou sans préposition), il s'accorde avec le mot répondant à la question *qui ?* ou *quoi ?* si ce mot peut être mis par la pensée entre le participe et l'infinitif.

Le participe suivi d'un infinitif sous-entendu est invariable.

Est également invariable le participe *fait* suivi d'un infinitif.

EXERCICE 36ᵉ.

CORRIGÉ.

Les rois que l'on a *vus* opprimer leurs sujets s'en sont *vu* haïr et détester (*ou* s'en sont *vus haïs* et *détestés*).

Que d'empires on a *vus* s'écrouler depuis que le monde existe ! et c'est toujours par les mêmes causes qu'on les a *vus* tomber.

Si vous nous avez *vus* mépriser les injustes reproches que nous nous sommes *entendu* adresser, ce n'est pas que nous ne nous soyons *senti* froisser par de telles imputations ; mais nous avons *su* contenir notre colère, espérant que justice nous sera rendue.

Les personnes que j'ai *vu* admettre n'étaient guère moins mécontentes que celles que j'ai *vu* refuser.

Les règles qu'on nous avait *données* à étudier, nous avaient *semblé* offrir tout d'abord des difficultés insurmontables ; mais elles ont peu à peu *cessé* de nous paraître telles, à mesure que nous les avons *vu* démontrer (ou *vu démontrées*), et surtout que nous avons *essayé* de les mettre en pratique.

Nous avons agi comme nous avons *su*, et fait tous les efforts que nous avons *pu* et *dû*.

Ceux qui auront fait toutes les bonnes œuvres qu'ils auront *pu*, auront rempli par cela même tous les devoirs de la charité.

Je n'ai *cessé* de vous donner tous les conseils que j'ai *pu*, mais convenez que vous n'avez pas *mis* à les suivre tous les soins que vous auriez *dû*.

Nous avons *gagné* sa confiance au point d'en obtenir à peu près toutes les facilités que nous avons *voulu*.

Vous auriez *payé* plus tôt cette somme si c'était à un autre que vous l'eussiez *due*.

Ils ont reconnu tous les services qu'ils peuvent nous avoir *dus*.

EXERCICE 37e.

CORRIGÉ.

Que d'hommes se sont *laissé* aller à la malheureuse envie des richesses! que d'autres se sont *laissé* dominer par l'orgueil et la vanité, et combien peu on en a *vus* se maintenir fermes contre les mille passions qui assiégent l'humanité.

Les troupes que nous avons *vues* arriver dans nos murs, sont celles mêmes qu'on a *vues* récemment faire une si belle figure devant un ennemi dix fois plus nombreux.

Comment aurions-nous *pu* nous défendre, nous étant *vu* trahir si indignement?

Ils se sont *fait* applaudir par la salle tout entière à chacun des morceaux qu'ils ont *fait* entendre.

Nous serions tout consolés de la perte que nous ont *fait* subir ces brigands, si nous les avions *vu* arrêter.

La France doit être fière des grands génies qu'elle a *vus* naître.

Ne croyons pas que les injustices qu'on aura *fait* souffrir aux hommes puissent rester impunies.

Les deux orateurs que nous avons *entendus* parler aujourd'hui nous ont émerveillés par la beauté des discours que nous les avons *entendu* prononcer.

Les sciences que l'on nous aura *fait* apprendre seront pour nous un jour le plus précieux des trésors.

Ils se sont *fait* tromper dans cette affaire pour n'y avoir pas mis toute l'attention qu'ils auraient *dû*.

Ces malheureux se sont *vu* dépouiller (ou *vus dépouillés*) de tout ce qu'ils possédaient.

Quand elle s'est *vu* soupçonner (ou *vue soupçonnée*) ainsi, elle n'a *pu* contenir son indignation.

Nous nous sommes *senti* frapper (ou *sentis frappés*) au cœur par un coup si cruel.

Nous nous sommes *aimés* depuis notre enfance, et cette amitié ne s'est jamais *démentie*. On nous a *vus* nous réjouir ensemble dans le bonheur l'un de l'autre, et pareillement nous affliger ensemble dans l'adversité; et jamais nous n'avons *vu* s'écouler une heure, une minute que nous ne nous soyons *occupés* lui de moi, moi de lui.

PARTICIPE D'UNIPERSONNEL.

486. Le participe du verbe unipersonnel est invariable.

EXERCICE 38ᵉ.

CORRIGÉ.

Quels beaux jours il a *fait* ces temps derniers!

Il est rare que nous oubliions ni les grandes choses qu'il nous a été *accordé* de voir, ni les belles pages qu'il nous est *arrivé* de lire, ni surtout une bonne action qu'il nous a été *donné* d'accomplir.

Il y a *eu* pendant les dernières pluies qu'il a *fait*, plus de maladies que pendant les longs froids qu'il y avait *eu* précédemment.

Que de désastres il nous était *réservé* de voir, que nous n'avions jamais *vus*! Avant ce temps, au milieu de la sécurité la plus trompeuse qu'il y ait jamais *eu*, il nous avait toujours *paru* démontré que nous étions inattaquables.

Que d'années, de siècles même il s'est *écoulé*, depuis qu'il ne s'était *passé* d'aussi tristes événements!

La personne à laquelle il vous est *venu* l'idée de vous adresser, était la seule peut-être à laquelle il vous *fût* *interdit* de le faire.

C'est étonnant quelle quantité de marchandises de toute espèce il s'est *fabriqué, vendu,* et *exporté* cette année.

PARTICIPE PASSÉ PRÉCÉDÉ DU PRONOM *EN*.

487. Quand le participe passé est précédé du pronom *en*, il ne peut s'accorder ni avec *en*, ni avec le substantif que *en* représente ; mais il peut s'accorder avec un autre.

EXERCICE 39e.

CORRIGÉ.

S'ils ont reçu de l'instruction, ils en ont *profité ;* nous en avons *reçu* aussi et plus qu'eux ; quels fruits en avons-nous *retirés ?*

Les animaux devraient faire rougir l'homme de son ingratitude ; combien on en a *vu,* parmi les plus sauvages, reconnaître envers leurs bienfaiteurs les services qu'ils en avaient *reçus !*

Notre siècle aura *vu* plus de grandes choses que n'en ont *vu* beaucoup de siècles antérieurs.

Cette découverte méritait plus d'encouragements qu'elle n'en a *obtenu,* pour les avantages qu'elle promet, et pour ceux qu'on en a déjà *retirés.*

L'étude nous a tout d'abord présenté plus d'attrait que nous n'en avions *attendu ;* et l'idée qui nous en est *restée,* est, il faut bien le dire, tout autre que celle que nous nous en étions *formée.*

Bien des choses nous ont alors manqué. Lorsque nous nous en sommes *aperçus,* nous nous en sommes tout simplement *passés,* sans nous en être *inquiétés* autrement que si en effet elles n'avaient jamais existé.

Autant il a rencontré d'ennemis, autant il en a *vaincu ;* autant de provinces se sont refusées à lui obéir, autant il en a *forcé* à la soumission.

La fortune qu'on lui a reproché d'avoir acquise, il l'avait amassée par le travail, et il en a *joui* sans remords.

Nous nous serions reproché nos conquêtes si nous nous en étions *emparés* comme eux par l'injustice et par la trahison.

Vous parlez de villes bâties ou épargnées par les conquérants ; combien plus n'en ont-ils pas *renversé !*
Pour quelques moments que nous avons bien employés, combien nous en avons *perdu !*

PARTICIPE PASSÉ PRÉCÉDÉ DE *L'.*

488. Quand le participe est précédé de *l'*, il est invariable si *l'* est mis pour *le ;* mais féminin singulier, s'il est mis pour *la.*

EXERCICE 40e.

CORRIGÉ.

Son instruction est plus étendue que nous ne l'avions *pensé*, et sa modestie plus grande qu'on ne l'avait *dit.*
Telle personne que l'on s'était figurée sage et prudente, l'est quelquefois bien moins que l'on ne se l'était *imaginé :* ce qui prouve que notre manière de voir n'est pas toujours aussi sûre que nous pourrions l'avoir *cru.*
La difficulté était moins sérieuse que nous ne nous l'étions d'abord *persuadé ;* c'est que nous ne l'avions pas *étudiée* avec autant d'attention qu'il l'aurait *fallu.*
Je croyais cette doctrine généralement adoptée ; si elle l'est *devenue* moins, comme on me l'a *assuré*, cela ne peut venir que de ce qu'on ne l'a pas *comprise.*
La récolte est plus belle qu'on ne l'avait *espéré.*
Nous avons rencontré de sa part plus de difficultés que nous ne l'avions *prévu.*
Il a fait moins bonne contenance que je ne l'aurais *cru*, et que ne l'avaient *espéré* ses apologistes.
L'affaire s'est trouvée tout autre que vous ne nous l'aviez d'abord *présentée*, et vous avez abusé de notre confiance plus que vous ne l'auriez *dû.*
L'humanité est meilleure qu'on ne l'a *dit* jusqu'à présent, et la vertu moins rare qu'on ne paraît l'avoir *cru.*
Elle s'est montrée aussi généreuse que nous l'avions *espéré*, aussi franchement bonne que nous nous l'étions *promis.*
La maison est moins grande que je ne l'avais *pensé.* Je l'au-

rais *voulue* aussi plus commode que je ne l'ai généralement *trouvée*.

___

PARTICIPE PASSÉ PRÉCÉDÉ DE *LE PEU*.

489. Quand le participe passé est précédé de *le peu*, il est invariable si *le peu* signifie le *trop peu*.

EXERCICE 41e.

CORRIGÉ.

Le peu de nourriture qu'il avait *prise*, pouvait le soutenir quelque temps encore.

Le peu de nourriture qu'il avait *pris*, était cause de la grande faiblesse qu'il éprouvait.

Le peu de progrès que nous avons *faits* sont dus à l'application que nous avons eue.

Le peu de progrès que nous avons *fait* est dû au peu d'application que nous avons *eue*.

Quelque peu de facilité que nous ayons *reçue* de la nature, une question si simple ne peut pas nous sembler embarrassante.

Le peu d'encouragements qu'a *trouvé* ce malheureux artiste, a éteint en lui un génie qui ne demandait qu'à être excité et mis en lumière.

Le peu de sacrifices que nous avons *faits*, ne méritent ni tant d'éloges ni tant de reconnaissance.

Beaucoup pourraient s'expliquer par le peu de services qu'ils ont *rendu*, le peu de reconnaissance qu'ils ont *rencontré*.

Le peu d'espérance qu'il avait *conservée*, s'est *réalisée* contre notre attente.

Le peu d'entente qu'ils ont *montré* dans toute cette affaire, explique parfaitement qu'elle n'ait pas réussi.

C'est au peu de protection que nous avons *trouvée* dans cette personne, que nous avons dû le peu de succès que nous avons *obtenus*.

Ne désespérez pas malgré le peu de bienveillance que vous avez partout *rencontré*. Ce peu de bonne volonté pouvait même être *prévu*, et il sera cause que le peu de réussite que vous aurez *obtenue*, vous ne l'aurez *due* qu'à vous-même.

Le peu de sincérité qu'avait toujours *eu* Louis XI, justifiait pleinement le peu de confiance qui lui était *montré*.

PARTICIPES *COÛTÉ* ET *VALU.*

490. Les participes *coûté* et *valu* sont variables : le premier quand il veut dire *causé, occasionné;* le second quand il signifie *procuré.*

EXERCICE 42ᵉ.

CORRIGÉ.

Ne comptons pas les peines que l'étude nous a *coûtées*, calculons les avantages qu'elle nous a *valus.*

Que de bien on eût pu faire avec les sommes que ces futilités ont *coûté !*

Que doit penser l'ambitieux quand il se rappelle les mépris et les haines que ses dignités lui ont *valus?*

Un enfant ne saura jamais toutes les peines qu'il a *coûtées* à ses parents.

Les avantages matériels et la considération que vous a *valus* votre conduite, vous dédommagent bien des peines qu'elle vous a *coûtées.*

Les sommes énormes que cette acquisition vous a *coûté*, est-ce qu'elle les a jamais *valu?*

Que d'égards de toutes sortes, dans le monde et ailleurs, son instruction lui a *valus !*

Les sacrifices que m'a déjà *coûtés* cette famille, sont plus que payés par l'affection qu'elle me porte, et la satisfaction qu'elle m'a *value* de l'avoir obligée.

Quelle peine vous eût-il *coûté* de surveiller cette opération? Vous ne vous en êtes inquiété en aucune manière ; et cependant quels profits elle vous aurait *valus !*

Les hommes avides d'honneurs n'ont jamais regardé aux bassesses que le succès leur a *coûtées*, mais seulement aux honneurs que ces bassesses leur ont *valus.*

Qu'est-ce que la somme qu'a *coûté* à cet homme généreux son acte de bienfaisance, à côté de la reconnaissance et de la considération qu'il lui a *values?*

PARTICIPES *EXCEPTÉ, SUPPOSÉ, VU, OUI*, etc.

491. Les participes *excepté, supposé, vu, ouï, entendu, ci-joint, ci-annexé, ci-inclus, y compris*, etc., sont invariables avant le substantif, et variables après.

EXERCICE 43ᵉ.

CORRIGÉ.

Il semble que tout soit devenu surmontable à l'homme, *excepté* la nécessité de mourir (ou la nécessité de mourir *exceptée*).

Supposé l'immobilité du soleil (ou l'immobilité du soleil *supposée*), rien de plus facile à expliquer que notre système planétaire; rien au contraire de plus difficile, l'immobilité de notre globe *supposée* (ou *supposé* l'immobilité de notre globe).

Passé la quinzaine (ou la quinzaine *passée*), plus d'espoir.

Vu les avantages que présente l'affaire, elle mérite qu'on y donne son attention et ses soins.

Ces avantages *vus* et *considérés*, l'affaire mérite qu'on y donne son attention et ses soins.

Nous vous adressons *ci-joint* diverses observations et pièces importantes, *y compris* notre démission collective.

Nous vous adressons diverses observations et pièces importantes *ci-jointes*, notre démission collective *y comprise*.

Vous trouverez *ci-inclus* copie de ma lettre du premier de ce mois.

Je vous envoie *ci-inclus* double expédition de l'affaire.

J'ai tout oublié, *excepté* la promesse de vous aller voir (ou la promesse de vous aller voir *exceptée*).

Ouï la cause et les défenseurs, — *attendu* les incidents survenus dans la défense, — *vu* les preuves nouvelles apportées et développées, etc.

Nous pouvons nous en rapporter à vous, *attendu* votre compétence et votre autorité dans cette matière.

PARTICIPE ENTRE DEUX *QUE*;

PARTICIPES *PLU, RI*, etc.

493. Le participe entre deux *que* est invariable.

494. Les participes *plu, complu, déplu, ri, moqué* suivent la règle générale, c'est-à-dire qu'ils varient quand ils sont transitifs : *plu,* par exemple, quand il signifie, non pas *faire* plaisir, mais *prendre* plaisir.

EXERCICE 44e.

CORRIGÉ.

Vous n'avez rien appris des leçons que j'avais *recommandé* que vous apprissiez.

Elle s'est empressée de faire toutes les démarches que j'avais *espéré* qu'elle ferait.

Il a fait tous les efforts que nous avions *désiré* qu'il fît, et obtenu tous les succès que nous avions *compté* qu'il obtiendrait.

Ces deux enfants se sont *plu* au point qu'ils sont devenus inséparables.

Vous auriez *plu* à chacun tous les deux, si vous ne vous étiez toujours *plus* à mécontenter tout le monde.

Ils se ont *plus* au jeu et s'y sont ruinés ; s'ils s'étaient *plus* au travail, ils auraient doublé leur fortune.

Les dieux, dont ces méchants rois s'étaient *ris* sur la terre, se sont *plus* à les en punir dans le Tartare.

Ceux qui se sont *complus* au mal, ont toujours *déplu* à tout le monde, parce que ce n'est pas tant le mal lui-même que l'on réprouve, que l'intention et le plaisir dans celui qui le fait.

Nous nous étions *déplus* à la chose, aussi n'avons-nous pas tardé à l'abandonner.

Nous nous étions *déplu* en nous voyant, aussi nous sommes-nous immédiatement séparés.

Vous eussiez mieux agi de vous être intéressés à eux que de vous en être *ris* et *moqués,* comme vous vous êtes *plus* à le faire.

Ils nous ont *plu*, nous leur avons *plu*, ce qui fait que nous nous sommes *plu* les uns aux autres.

Elle nous a *déplu,* ne s'étant toujours *complue* qu'à nous chercher de mauvaises chicanes.

RÉCAPITULATION DU PARTICIPE PASSÉ.

EXERCICE 45e.

CORRIGÉ.

Sans parler des auteurs fameux qu'a *produits* la ville d'Athènes, quels grands génies en tous genres n'a-t-elle pas *vus* naître?

On dit que les sots ont *retrouvé* quelquefois les expressions qui les avaient *frappés ;* mais retrouveront-ils des idées, puisqu'ils n'en ont jamais *eu ?*

Ouvrons à la jeunesse, qu'on a *laissée* languir trop longtemps dans l'insouciance, les sources fécondes que nous ont *ouvertes* les grands écrivains de Rome et d'Athènes; faisons passer en revue devant elle les héros qu'a *produits* l'antiquité, pour que, *réchauffée* à ce contact divin, notre valeur remonte bientôt au point où jadis nous l'avions *vue* s'élever.

Plus une nation, qui s'était *vue* autrefois forte et *redoutée,* s'est *vu* enlever de gloire et de puissance, plus elle doit se sentir *humiliée* d'être aujourd'hui *déchue* et *amoindrie.*

Quels maux la terre a *eus* à souffrir de ces persécuteurs cruels et stupides qui avaient *osé* s'établir sur la terre les vengeurs de la divinité!

Les lois humaines commencent et finissent avec les empires qui les ont *créées ;* les lois divines, celles de la conscience, sont immuables, comme Dieu, qui les y a *gravées.*

Les Russes sont *venus* tard, dit Voltaire; mais comme ils ont *trouvé* les sciences et les arts tout *perfectionnés,* on leur a *vu* faire plus de progrès en cinquante ans qu'aucune autre nation n'en avait *fait* par elle-même en des milliers d'années.

Les avares, *comblés* de richesses, vivent comme s'ils en étaient complétement *privés.*

Nous devons tout oublier, *excepté* nos devoirs d'hommes, quand il s'agit de soulager un homme, fût-ce un ennemi.

EXERCICE 46e.

CORRIGÉ.

Quelle que soit notre instruction, nous ignorons plus de choses que nous n'en avons *appris.*

Ne cessez d'aimer vos parents, vous souvenant de ce qu'ils ont *fait* pour vous, et des peines que leur a *coûtées* votre éducation.

Bien des fortunes se sont *vues détruites* par les moyens mêmes qui les avaient *vues* s'élever.

On commence à comprendre les services que la physique a *rendus* et doit rendre encore, depuis les progrès que lui a *fait* faire le siècle actuel.

Parmi les obligations *imposées* par Pythagore aux disciples qui s'étaient *engagés* à suivre sa doctrine, était un silence absolu auquel ils étaient *astreints* pendant même plusieurs années.

Les Romains sont *tombés* par les causes mêmes qui avaient *fait* tomber avant eux les Grecs et les Perses.

Nos pères, s'ils revenaient parmi nous, auraient bien de la peine à se reconnaître dans les lieux qu'ils ont *habités*. Les inscriptions qu'ils ont *laissées*, sont pour nous comme l'histoire de ces nations qui ont *disparu*, ne laissant d'autres traces que quelques noms plus ou moins *effacés*.

Les enceintes d'anciennes villes qu'on avait *dites* si vastes, et qu'on a *observées* en assez grand nombre, sont à peine aussi *étendues* que celles de nos villes de sept à huit mille habitants ; et l'opinion qu'on s'était *faite* de l'ancienne Égypte, s'en trouve singulièrement *diminuée*.

Les plus grands caractères ont quelquefois *faibli*, et *montré* moins d'assurance dans l'adversité qu'on ne l'aurait cru.

Quels progrès l'humanité n'aurait-elle pas *faits* dans les sciences, si elle ne s'était pas *laissé* égarer par les préjugés ?

EXERCICE 47ᵉ.

CORRIGÉ.

Fiers des connaissances que nos ancêtres nous ont *transmises*, nous nous glorifions comme si nous les avions *acquises* par nous-mêmes, et nous disons : Quel siècle y a-t-il *eu* plus *éclairé* que le nôtre ?

Nous avons toujours *cru* les auteurs sur parole ; et les lieux qu'ils nous ont *décrits*, nous ne les avons jamais *vus* qu'au travers des descriptions qu'ils nous en ont *données*.

On a *dit* du grand Pompée, un des plus heureux, mais non

des plus habiles capitaines qui aient *existé*, qu'il a *remporté* à lui seul plus de victoires que les autres n'en ont *lu*.

Beaucoup de villes ont *laissé* languir leurs grands hommes dans l'obscurité ; et, plus tard, après leur mort, elles ont *disputé* à d'autres l'honneur de les avoir *vus* naître.

Les prunes nous sont *venues* de Syrie. Ce sont les anciens ducs d'Anjou qui les ont *apportées* en France au temps des croisades.

La naissance et la fortune, quelque remarquables et *multipliés* qu'on en ait *dit* les hasards, n'ont jamais *tiré* de la foule que ceux qui n'avaient pas *mérité* d'y rester *confondus*.

Les auteurs qui se sont *nourris* de la lecture des anciens n'ont pas *tardé* à acquérir quelques-unes de ces beautés mâles qu'ils s'étaient *plu* à admirer dans leurs ouvrages.

Le peu d'instruction qu'ont *reçu* quelques hommes ne leur permet même pas d'en désirer davantage pour leurs enfants.

Le peu d'instruction qui était autrefois *donnée* dans les écoles laissait les masses dans une grande ignorance.

Les rois qui se sont *laissé* éblouir par leur propre grandeur, ont bientôt *oublié* qui les a *faits* rois.

EXERCICE 48ᵉ.

CORRIGÉ.

Loin des bords qui nous ont *vus* naître, la nature, quelque riante et *parée* qu'elle soit, ne paraît plus qu'une image *affaiblie* de celle que nous avons *perdue*.

Il faut bien des années pour guérir les plaies qu'a *faites* la guerre, et les ravages qu'elle a *produits*.

La Hollande n'est rien par la nature ; c'est le commerce et l'industrie qui l'ont *enrichie*, et la bonne police qui l'a *faite* ce qu'on l'a *vue* devenir.

Des peuples longtemps invincibles, parce qu'ils s'étaient *endurcis* à la fatigue et à la souffrance, se sont *laissé* amollir et vaincre par les délices : c'est l'austérité des mœurs qui les avait *élevés*, c'est la mollesse qui les a *perdus*.

Ne regrettons pas les peines que la science nous a *coûtées*, et pensons aux biens inestimables qu'elle nous a *valus*.

Il est des livres et des réputations dont l'éclat est *dû* en grande partie aux temps et aux sociétés qui les ont *vus* naître.

Quelque vives que soient les pensées et les expressions, il faut que la vivacité en soit *soutenue* et *animée* par l'action, c'est-à-dire, par la voix, le jeu de la physionomie et le geste. C'est cette qualité, la première de toutes, qu'on a toujours tant *recommandée* aux orateurs.

Une mère tient à la tendresse de ses enfants. Les douleurs qu'ils lui ont *causées*, les soins qu'elle leur a *prodigués*, les espérances et les craintes dont elle s'est *vue agitée*, tout a de plus en plus *confondu* son existence avec la leur.

Il faut remonter à la naissance du monde pour s'expliquer comment se sont *formés* les divers empires qui se sont *partagé* l'univers, par quels degrés ils se sont *élevés*, et comment se sont *réunies* les familles et les cités dont est *composée* la société humaine.

EMPLOI DES AUXILIAIRES.

Voir, pour les règles générales, 370, 371.

RÈGLES PARTICULIÈRES.

495. 1° *Rester* et *demeurer* prennent *avoir* quand ils signifient *habiter, séjourner;* et *être,* dans les autres cas.

2° *Partir* ne prend *avoir* que quand, ayant pour sujet un nom de chose, il marque un mouvement subit.

3° *Convenir* prend *avoir* quand il signifie *convenance;* et *être* quand il veut dire *convention.*

4° *Échapper,* quand il a pour sujet un nom de personne, prend *être* s'il veut dire *s'évader, sortir;* et *avoir* s'il signifie *éviter.* Quand son sujet est une chose, il prend *être* s'il veut dire *être dit* ou *fait;* et *avoir,* s'il signifie *passer inaperçu* ou *être tombé dans l'oubli.*

5° *Apparaître, croître, descendre* (baisser), *monter* (croître), *expirer, grandir, paraître, passer, sonner,* etc., prennent *avoir* quand ils marquent une action, et *être* quand ils marquent un état.

EXERCICE 49e.

CORRIGÉ.

Ces voyageurs *ont* trop peu demeuré dans les villes où ils *ont* passé, pour pouvoir nous en apprendre quelque chose de certain.

Nous *étions* convenus que la chose méritait tous nos soins; mais il leur *a* convenu de ne pas s'en occuper, ce qui fait que toute espérance de réussite *est* tombée maintenant.

L'édition que nous attendions n' *est* parue que d'hier (*ou n'a* paru qu'hier).

Dix heures *ont* sonné au moment où je passais sur la place; je croyais qu'elles *étaient* sonnées depuis au moins cinq minutes.

Ils *ont* disparu au moment où toute raison de se cacher *était* heureusement disparue.

Voyant que la rivière *avait* monté d'une manière excessive, nous *sommes* montés au premier étage, et ne *sommes* descendus que quand les eaux elles-mêmes *ont* descendu à un niveau rassurant.

Je voudrais que sur les monuments élevés aux grands capitaines, on inscrivît le nombre des soldats qui *sont* restés sur leurs champs de bataille.

La justice croyait tenir enfin ces malfaiteurs, ils lui *ont* échappé. Il y en a parmi eux qui vingt fois ont été pris, et vingt fois *se sont* échappés on ne sait comment.

A qui *n'est-il* jamais échappé une faute? Le plus juste même n'en est pas exempt. En fait de mots, il m'en *est* souvent échappé, que j'aurais voulu n'avoir pas dits, mais c'était trop tard.

Bien des choses *ont* souvent échappé à l'œil le plus subtil, à la mémoire la plus tenace. En fait de mots, une foule m'*ont* échappé, que je savais autrefois et qui aujourd'hui me font défaut.

EXERCICE 50e.

CORRIGÉ.

A peine *avions-nous* échappé à ce péril que nous *sommes* tombés dans un plus grand.

Peut-être si la voix ne m'eût été coupée,
L'affreuse vérité *me serait* échappée.

Les rois et les empereurs *ont* passé comme passe l'orage ; les peuples *sont* restés, plus ou moins éprouvés, plus ou moins appauvris.

Bien des choses *ont* souvent échappé à l'œil le plus vigilant et le plus subtil.

Ces malfaiteurs *ont* encore une fois échappé à la justice.

Les eaux *ont* beaucoup descendu depuis ce matin. Il était temps, elles *avaient* monté d'une manière effrayante.

Quand ces malheureux *ont* passé sur le pont, ils étaient nu-pieds et nu-tête quoiqu'il fît un froid affreux.

Le baromètre *avait* monté, il *est* redescendu depuis quelques heures.

La trêve n'*était* pas encore expirée, et déjà l'on faisait de nouveaux préparatifs de guerre.

J'*ai* resté en Angleterre à peu près le temps que vous y *avez* demeuré vous-même.

Tout-à-coup la mine *a* éclaté quand nous nous y attendions le moins.

Chaque jour des crieurs publics annoncent de combien *ont* crû les eaux du fleuve.

EXERCICE 51e.

CORRIGÉ.

C'est partout une idée confuse que la Divinité *est* autrefois apparue aux hommes.

Vous avez été témoins de leurs différends et savez ce qui en *est* résulté.

Les appointements et les pensions *sont* restés les mêmes, mais le prix des denrées *a* monté de plus du double.

Les critiques *ont* disparu, la pièce *est* demeurée.

Je donnerais pour lui ma vie, le seul bien qui me *soit* resté.

Boileau n'*a* pas plus échappé à la critique que les victimes restées si célèbres de sa verve satirique.

Il m'*est* échappé quelques mots irrévérencieux que je voudrais bien n'avoir pas prononcés.

La rivière *a* monté avec une telle rapidité que la plaine *a* bientôt paru comme une mer.

Les règles, les formules, les mots, tout m'*a* échappé, je ne me souviens plus de rien.

Vous avez commis des fautes sans doute, et elles ne m'*ont* pas échappé ; mais à qui n'en *est*-il pas échappé ?

Le jeune Marius célébra les obsèques de son père par la mort de plusieurs sénateurs qui *avaient* échappé aux premières fureurs de la proscription.

Combien la France *a* déchu par les dernières guerres !

L'idée que nous avons de Dieu, doit nous porter à croire qu'il n'*est* jamais intervenu dans nos sanglants débats que pour les désapprouver.

RÈGLES PARTICULIÈRES SUR CERTAINS VERBES.

496. Les verbes en *cer* gardent *ce* dans toute la conjugaison, excepté devant *a, o, u,* où ils prennent *ç,* et devant *i* où *e* disparaît.

EXERCICE 52e.

Conjugaison par écrit du verbe **forcer** *dans tous ses temps simples, savoir :*

Le présent de l'infinitif.	Le futur absolu.
Le participe présent.	Le présent du conditionnel.
Le participe passé.	L'impératif.
Le présent de l'indicatif.	Le présent du subjonctif.
L'imparfait.	L'imparfait.
Le passé défini.	

Modèle du devoir.

PRÉSENT DE L'INFINITIF. Forcer.

PARTICIPE PRÉSENT. Forçant.

PARTICIPE PASSÉ. Forcé.

PRÉSENT DE L'INDICATIF. — Je force, tu forces, il force, nous forçons, vous forcez, ils forcent.

Etc.

---

497. Les verbes en *ger* gardent *ge* dans toute la conjugaison, excepté devant *i,* où *e* disparaît.

EXERCICE 53e.

Conjugaison par écrit du verbe **songer** *dans ses temps simples.*

Je songe, tu songes, il songe, nous songeons, vous songez, ils songent. — Songe, songeons, songez.

Je songeais, tu songeais, il songeait, nous songions, vous songiez, ils songeaient.

---

498. Les verbes en *eler* doublent *l* devant *e* muet seulement.

EXERCICE 54e.

Conjugaison du verbe **appeler.**

J'appelle, tu appelles, il appelle, nous appelons, vous appelez, ils appellent. — Appelle, appelons, appelez.

J'appelais, tu appelais, il appelait, nous appelions, vous appeliez, ils appelaient.

J'appellerai, tu appelleras, il appellera, nous appellerons, vous appellerez, ils appelleront. — J'appellerais, tu appellerais, etc.

---

499. Les verbes en *eter*, excepté *acheter, becqueter,* doublent *t* devant *e* muet seulement.

EXERCICE 55e.

Conjugaison du verbe **jeter.**

Je jette, tu jettes, il jette, nous jetons, vous jetez, ils jettent. — Jette, jetons, jetez.

Je jetais, tu jetais, il jetait, nous jetions, vous jetiez, ils jetaient.

Je jetterai, tu jetteras, il jettera, nous jetterons, vous jetterez, ils jetteront. — Je jetterais, tu jetterais, etc.

---

500. Les verbes qui ont *e* ou bien *é* avant la consonne qui précède *er* final de l'infinitif, comme *semer, espérer,* changent cet *e* muet ou cet *é* fermé en *e* ouvert (è) devant une syllabe muette. Excepté :

1° Ceux en *eler, eter,* où la consonne se redouble.

2° Ceux en *éger,* où *é* ne change pas.

EXERCICE 56e.

Conjugaison du verbe **semer.**

Je sème, tu sèmes, il sème, nous semons, vous semez, ils sèment. — Sème, semons, semez.
Je semais, tu semais, etc.

Les verbes *créer, recréer, récréer, agréer, maugréer, suppléer* gardent *é* dans toute la conjugaison.

EXERCICE 57e.

Conjugaison du verbe **créer.**

Je crée, tu crées, il crée, nous créons, vous créez, ils créent. — Crée, créons, créez.
Je créais, tu créais, il créait, nous créions, vous créiez, ils créaient.
Je créerai, tu créeras, il créera, nous créerons, vous créerez, ils créeront. Je créerais, tu créerais, etc.

Les verbes en *yer*, comme *payer*, changent *y* en *i* simple devant *e* muet.

EXERCICE 58e.

Conjugaison du verbe **payer.**

Je paie, tu paies, il paie, nous payons, vous payez, ils paient. — Paie, payons, payez.
Je payais, tu payais, il payait, nous payions, vous payiez, ils payaient.
Je paierai, tu paieras, etc. — Je paierais, tu paierais, etc.
Que je paie, que tu paies, qu'il paie, que nous payions, que vous payiez, qu'ils paient.

---

501. Pour les verbes en *ier, yer, ller* (*ll* mouillés), *gner, indre*, et autres, difficiles en apparence à l'im-

parfait de l'indicatif et au présent du subjonctif, il faut simplement suivre la règle, qui, à la 1re et à la 2e personne du pluriel, change *ant* du participe présent en *ions*, *iez*, sans autre exception que *ayons*, *ayez* du verbe *avoir*.

EXERCICE 59e.

Conjugaison des verbes **prier, employer, veiller, gagner, craindre, croire.**

1° Au présent de l'indic.

2° A l'imparfait.

3° Au présent du subjonctif.

Verbes en IER. Je prie, tu pries, il prie, nous prions, vous priez, ils prient. — Prie, prions, priez.

Je priais, tu priais, il priait, nous priions, vous priiez, ils priaient.

Je prierai, tu prieras, etc. — Je prierais, tu prierais, etc.

Que je prie, que tu pries, que nous priions, que vous priiez, qu'ils prient.

Verbes en LLER. (*ll* mouillés). Je veille, tu veilles, il veille, nous veillons, vous veillez, ils veillent. — Veille, veillons, veillez.

Je veillais, tu veillais, il veillait, nous veillions, vous veilliez, ils veillaient.

Je veillerai, tu veilleras, etc. — Je veillerais, tu veillerais, etc.

Que je veille, que tu veilles, qu'il veille, que nous veillions, etc.

Verbes en INDRE. Je crains, tu crains, il craint, nous craignons, vous craignez, ils craignent. — Crains, craignons, craignez.

Je craignais, tu craignais, il craignait, nous craignions, vous craigniez, ils craignaient.

Que je craigne, que tu craignes, qu'il craigne, que nous craignions, que vous craigniez, qu'ils craignent.

Les verbes *envoyer, courir, mourir, pouvoir,* et ceux qui sont terminés par *quérir, voir, choir,* prennent deux *r* au futur absolu et au présent du conditionnel.

EXERCICE 60e.

Écrire les verbes **envoyer, courir, mourir, acquérir, voir, pouvoir.**

1° Au futur absolu.
2° Au présent conditionnel.

Verbe ENVOYER. J'enverrai, tu enverras, il enverra, nous enverrons, vous enverrez, ils enverront. — J'enverrais, tu enverrais, etc.

Verbe COURIR *et ses composés.* Je cours, tu cours, il court, nous courons, vous courez, ils courent. — Cours, courons, courez.
Je courais, tu courais, il courait, nous courions, vous couriez, ils couraient.
Je courrai, tu courras, etc. — Je courrais, tu courrais, etc.

Verbe MOURIR. Je meurs, tu meurs, il meurt, nous mourons, vous mourez, ils meurent. — Meurs, mourons, mourez.
Je mourais, tu mourais, il mourait, nous mourions, vous mouriez, ils mouraient.
Je mourrai, tu mourras, etc.— Je mourrais, tu mourrais, etc.

Verbe ACQUÉRIR *et ses analogues.* J'acquiers, tu acquiers, il acquiert, nous acquérons, vous acquérez, ils acquièrent.
J'acquérais, tu acquérais, il acquérait, nous acquérions, vous acquériez, ils acquéraient.
J'acquerrai, tu acquerras, etc. — J'acquerrais, tu acquerrais, etc.

Verbes VOIR *et* REVOIR. Je verrai, tu verras, il verra, nous verrons, vous verrez, ils verront. — Je verrais, tu verrais, etc.

Verbe POUVOIR. Je pourrai, tu pourras, il pourra, etc. — Je pourrais, tu pourrais, etc.

Le verbe *prendre* et ses composés, ainsi que les verbes en *enir*, comme *venir*, doublent *n* devant *e* muet, ce qui arrive au présent de l'indicatif et du subjonctif.

EXERCICE 61ᵉ.

Les verbes **prendre, apprendre, venir, retenir** *sont écrits au présent de l'indicatif et du subjonctif.*

Verbe PRENDRE *et ses composés.* — Je prends, tu prends, il prend, nous prenons, vous prenez, ils prennent.

Que je prenne, que tu prennes, qu'il prenne, que nous prenions, que vous preniez, qu'ils prennent.

Verbes en ENIR. Je tiens (*ou* je viens), tu tiens, il tient, nous tenons, vous tenez, ils tiennent. — Que je tienne, que tu tiennes, etc.

Tous les verbes en *evoir* changent *e* en *oi* quand le *v* est suivi de *e* muet, et *c* de ceux en *cevoir* se change en *ç* devant *u, o.*

EXERCICE 62ᵉ.

Verbe PERCEVOIR. Je perçois, tu perçois, etc., etc.

Verbe ASSEOIR *et ses analogues.* J'assieds, tu assieds, il assied, nous asseyons, vous asseyez, ils asseient *ou* ils assiéent.

J'assiérai *ou* j'asseierai, tu assiéras *ou* asseieras, etc. — J'assiérais *ou* j'asseierais, tu assiérais *ou* asseierais, etc.

VERBES A CONJUGUER COMME LES PRÉCÉDENTS.

Agacer, annoncer, devancer, effacer, placer, exaucer, lancer, exercer, menacer, renoncer, prononcer, entrelacer.

Abréger, adjuger, affliger, dégager, obliger, déranger, diriger, engager, décourager, loger, plonger, soulager.

Appeler, rappeler, renouveler, ruisseler, épeler, chanceler, atteler, dételer, grommeler, amonceler, bosseler, morceler.

Jeter, rejeter, projeter, crocheter, empaqueter, feuilleter, fureter, cacheter, moucheter, déchiqueter, valeter, caqueter.

Maugréer, agréer, suppléer, créer.

Achever, lever, mener, promener, semer, sevrer, crever, soulever, grever, relever, surmener.

Accéder, posséder, recéler, asséner, adhérer, révérer, modérer, récupérer, régénérer, suggérer, insérer, digérer.

Allier, associer, balbutier, plier, crier, justifier, purifier, négocier, replier, supplier, vérifier, versifier.

Appuyer, ennuyer, employer, essuyer, noyer, signifier, larmoyer, essayer, guerroyer, déblayer, balayer, grasseyer.

Apostiller, babiller, bâiller, conseiller, débrouiller, piller, dépouiller, gaspiller, mouiller, tailler, sommeiller, veiller.

Accompagner, baigner, daigner, soigner, gagner, peigner, régner, épargner, désigner, consigner, éloigner, témoigner.

Peindre, joindre, atteindre, contraindre, enfreindre, teindre, restreindre, éteindre, craindre, rejoindre, plaindre, aveindre.

Accourir, recourir, secourir, parcourir.

Conquérir, requérir.

Apprendre, comprendre, désapprendre, entreprendre, se méprendre, r'apprendre, reprendre, surprendre.

Entretenir, revenir, s'abstenir, appartenir, contenir, intervenir, détenir, parvenir, prévenir, retenir, soutenir, subvenir.

Apercevoir, recevoir, concevoir, décevoir, devoir.

EXERCICE 63e.

CORRIGÉ.

Nous *commençons* à nous apercevoir que nous ne percerons un jour que si nous *songeons* de bonne heure à notre avenir.

Ne nous *vengeons* des injures que par des bienfaits. Voilà la plus douce, la véritable vengeance.

Il s'engagea de bonne heure, et avait à peine dix-huit ans quand il *commença* sa longue carrière de soldat.

Ne *rejetons* pas la prière du malheureux, si nous ne voulons qu'on *rejette* la nôtre au jour de l'adversité.

Appelle-moi ton frère et ton ami, je *t'appellerai* mon ami et mon frère.

Il *chancelle* et tombe d'épuisement et de fatigue. Espérons qu'un peu de repos et quelques aliments *renouvelleront* ses forces.

Tant que vous vous *créerez* ainsi de folles imaginations, vous ne trouverez personne qui ose vous confier une affaire sérieuse.

La force peut nous manquer, nous y *suppléerons* par le courage.

Il n'est pas de secret que le temps ne *révèle*.

Dieu *appela* les eaux pour punir la terre couverte de crimes.

Nous ne *remplaçons* jamais l'honneur par la gloire, ni le bonheur par le plaisir.

Le Dieu des Hébreux *s'appelait* de son nom ineffable, Jéhovah, mot qui *rappelle* toutes les voyelles.

Je *t'achèterai* de jolies choses si tu es sage, et que tu te *rappelles* bien toutes tes leçons.

EXERCICE 64e.

Si vous passez la vie à *projeter*, et que jamais vous ne *vérifiiez* aucune des espérances que vous avez données, que faut-il que nous *croyions* de vos projets et de vous?

Vous réussiriez si vous *surveilliez* mieux vos affaires; si, en un mot, vous ne *craigniez* trop la peine et le travail.

Ses airs *menaçants* nous avaient d'abord intimidés, nous ne les *craignons* plus maintenant.

En nous *plaçant* sur la terre, Dieu a voulu que nous y *jouions* un rôle, et que nous *employions* tout ce qu'il nous a donné de talent au bien de l'humanité.

Celui qui *paie* ses dettes, s'enrichit.

Les jours de *paie* sont pour les ouvriers des jours de bonheur.

Ceux qui *emploient* la violence, réussissent moins que ceux qui ont recours à la persuasion.

Ce qui nous manque, il faut que nous le *suppléions*, ou que nous *parvenions* à nous en passer.

Nous avons essayé du commerce, mais nous y perdions plus que nous n'y *gagnions*, et nous y avons renoncé.

Vous *récréerez* votre esprit par la variété des objets que vous lui offrirez.

Rien ne *récrée* la vue comme la présence de ceux qu'on a obligés.

La nature *n'emploie* la violence que pour détruire.

Il n'est rien que nous *oubliions* aussi promptement que les malheurs passés.

Le succès nous *paie* de toutes nos peines.

EXERCICE 65e.

J'enverrai devant vous mon ange qui vous préparera la voie.

Quand vous *courriez* comme le lièvre, vous n'arriveriez qu'après la tortue si, comme lui, vous flâniez, au lieu de marcher comme elle.

Quand nous *mourrons*, que restera-t-il de nous? rien si ce n'est nos œuvres bonnes ou mauvaises.

Acquérons des vertus : rien de ce que nous *acquerrons* de richesses, nous ne *pourrons* l'emporter quand nous *mourrons*.

Tirez la bobinette, la chevillette *cherra*.

Quand vous aurez longtemps couru après les plaisirs, vous *verrez* que le plus solide et le plus vrai, c'est celui d'une conscience qui n'a rien à se reprocher.

Je *courais* quand j'étais jeune, plus que je ne *courrais* aujourd'hui ; et celui qui *acquérait* de la fortune à cette époque, peut-être n'en *acquerrait* pas à celle où nous vivons.

Mourez quand vous voudrez ; mais sachez que lorsque vous *mourrez*, tout ne sera pas fini.

Nous *verrons* certainement des choses que nous n'avons pas encore vues, et nous *courrons* des dangers que nous ne connaissions pas.

Qu'ils *apprennent* à se bien conduire en voyant ce qu'*obtiennent* des plaisirs, ceux qui ne se proposent pas un autre but.

Nous serons heureux s'ils s'*aperçoivent* qu'ils ont fait fausse route et qu'il est temps qu'ils *reviennent* sur leurs pas. Plût au ciel qu'ils s'en fussent *aperçus* déjà !

MOTS INVARIABLES.

Quand marque le temps, sinon on écrit *quant*.

Davantage est un adverbe signifiant *plus* ; *d'avantage* forme deux mots : la préposition *de* et le substantif *avantage*.

Quoique est une conjonction signifiant *bien que* ; *quoi que* se compose de deux pronoms : *quoi* (quelle chose) et *que*, s'y rapportant.

Parce que est une locution conjonctive signifiant *à cause que*, qui n'est pas français ; *par ce que*, en trois mots, signifie *par cela que*, où *ce* est un pronom démonstratif, et *que* un pronom relatif s'y rapportant.

EXERCICE 66ᵉ.

CORRIGÉ.

Il n'est pas de maux que l'on ne doive être disposé à souffrir *plutôt* que de manquer à l'honneur.

Ceux qui seront le *plus tôt* arrivés, se reposeront et tendront la main aux autres.

Un point sur lequel je ne veux rien entendre, c'est que le vrai soldat mourra *plutôt* que de se rendre.

C'est trop loin, dites-vous. Courons tout d'une traite : plus vite nous allons, *plus tôt* la route est faite.

Nous devons écouter l'humanité et la raison *plutôt* que la passion et la vengeance.

A mesure que je le connais mieux, je l'estime et je l'aime *davantage*.

Que de maux de toutes sortes nous avons soufferts ! Et dire que vous en avez souffert encore *davantage !*

Il n'y a pas *d'avantage* qui puisse légitimer l'oubli du devoir.

Il faut du courage pour se corriger de ses défauts, il en faut *davantage* pour les avouer.

Que *d'avantages* nous nous étions promis, auxquels nous voilà forcés de renoncer !

Nous faisons le mal *quoique* nous voyions le bien, *quoique* la conscience nous y pousse, *quoiqu'il* renferme seul le bonheur.

Quoi que l'on vous promette d'agréable ou d'avantageux, *quoi que* vous présente de séduisant la voix du plaisir ou de l'intérêt, ne suivez jamais que celle de la vertu.

Quoique la vie soit remplie de misères, elle offre encore plus, *quoi que* l'on dise, de véritables jouissances.

Résistons à l'injustice *parce que* défendre nos droits, c'est défendre la société ; et, d'un autre côté, aidons nos frères, *parce que* dans le besoin, nous serions bien aises d'en être aidés.

Par ce que vous voyez, *par ce que* vous entendez, apprenez qu'il n'y a de solide et de stable que la vertu.

Nos soucis sont comme nos jours : *quand* un finit, un autre commence, jusqu'à ce que tout cesse enfin, *quand* pour notre repos, le fil vient à se rompre.

Quel bonheur *quand* ils apprendront cette nouvelle ! *quant* à moi, je ne m'en sens pas de joie.

Quant aux avantages que vous vous promettez, j'ai bien peur qu'il ne faille en rabattre *quand* viendra le moment de compter.

EXERCICE 67e.

L'étude offre tant d'*avantages* qu'on ne saurait s'y livrer avec trop d'ardeur.

Le goût est un don de la nature *plutôt* qu'une acquisition de l'art.

Vous serez admirée si vous êtes belle, mais vous le serez *davantage* encore si vous êtes modeste.

Quand nous sommes malades, nous faisons les plus belles promesses d'être sages et tempérants ; *quant* à nous les voir tenir, attendez que nous soyons revenus à la santé.

C'est *parce que* l'on ne comprend pas, que l'on apprend si peu.

Par ce que souffrent de malheurs les innocents et les justes, voyez si les coupables ont droit de se plaindre des maux qui leur arrivent.

Quoi que le monde promette de jouissances, nulle part vous n'en trouverez plus que dans la vertu.

Quoique le monde vous promette des jouissances, nulle part vous n'en trouverez que dans la vertu.

Travaillons à vaincre l'adversité *plutôt* que de passer le temps à nous en plaindre.

Quelque chose que nous ayons *dite*, on a passé outre, et nous nous sommes vus éconduits.

C'est quelque chose de justement *admiré* que l'intrépidité qu'il a fait paraître.

INTERJECTIONS.

583-587. *Ah* marque la joie, la douleur, l'admiration ; *ha*, la surprise, le désappointement.

Oh marque la surprise et quelquefois l'affirmation ; *ho* sert à appeler, ainsi que *ô*, avec la différence que ce dernier est toujours suivi d'un substantif.

Hé sert à appeler ; dans les autres cas on écrit *eh*. *Hé bien* sert à interroger ; dans les autres cas, c'est *eh bien*.

EXERCICE 68ᵉ.

CORRIGÉ.

Ah! quel bonheur ! — *Ah!* je vous retrouve enfin ! — *Ah!* que ton impudence excite mon courroux ! — *Ah!* vous êtes charmant ! — *Ah!* voilà bien les hommes ! — *Ah!* destinée cruelle ! — *Ah! ah!* voilà qui est touchant ! — *Ha!* vous voilà ! je ne vous attendais plus. — *Ha!* vous êtes dévot, et vous vous emportez ! — *Ha! ha!* vous voilà donc surpris !

Oh! ne le croyez pas. — *Oh!* les méchantes gens ! — *Oh!* comme ils nous ont trompés ! — *Oh!* qui l'eût pu prévoir ? — *Oh! oh!* mon gaillard ! *Ho!* venez ici. — *Holà! ho!* arrivez donc. — *O* temps ! *ô* mœurs ! — *O* cendres d'un époux, *ô* Troyens, *ô* mon père, *ô* mon fils, que tes jours coûtent cher à ta mère !

Eh! laisse-moi. — *Eh!* qu'y puis-je ? — Nous désirions qu'il restât, *eh bien!* il est parti. — Il nous avait fait les plus belles promesses, *eh bien!* il a tout oublié. — *Eh! eh!* je n'en répondrais pas.

Hé! toi, viens çà. — *Hé donc!* à l'ouvrage, paresseux ! — *Hé!* Petit-Jean! — *Hé bien!* quoi de nouveau ? — *Hé bien!* partons-nous ? — *Hé bien!* que nous fait-elle annoncer de sinistre ?

EUPHONIES.

1° L'adjectif démonstratif *ce*, masculin, singulier, s'écrit *cet* devant un mot commençant par une voyelle ou par *h* muet.

2° On emploie le possessif masculin *mon, ton, son,* au lieu du féminin *ma, ta, sa* devant une voyelle ou devant *h* muet.

3° L'adverbe *tout* devient adjectif variable devant un adjectif féminin, commençant par une consonne ou par *h* aspiré.

4° L'adjectif se rapportant à plusieurs substantifs ne s'accorde qu'avec le dernier, ou mieux, avec le plus proche, lorsque se rencontrent les trois conditions suivantes : 1° que les substantifs représentent des choses, 2° que le substantif féminin soit le dernier, 3° que l'adjectif soit imparisyllabique.

5° On écrit *l'on* au lieu de *on* pour éviter un hiatus, c'est-à-dire, un bâillement provenant de deux sons, l'un à la fin d'un mot, l'autre au commencement du mot suivant, comme dans SI ON *veut.*

Mais dans ce cas même, il ne faudrait pas employer *l'* s'il devait en résulter une cacophonie, comme dans SI L'ON *le voulait.*

L'euphonie *l'* est défendue, comme inutile, au commencement d'une phrase.

EXERCICE 69e.

CORRIGÉ.

Cet homme a des défauts, mais il a si bon cœur! J'aime en lui *cet* élan qui vient de la nature, *cet* esprit plein de sens, et *cet* air de droiture qui se révèle à tous et plaide en sa faveur.

De *cet* excès de mal qui m'arrache un long cri,
Zénon n'eût senti rien, et Socrate eût souri.

Ton infortune touche *mon* âme, et je cours à *ton* aide au plus tôt. Puisse *mon* assistance apporter à temps *son* obole!

Il s'est concilié tout le monde par *son* honnêteté, *son* instruction, et *son* irréprochable conduite.

Son ignorance ne vient pas de *son* inaptitude, mais de *son* apathie; nous aurons des preuves de *son* intelligence quand il le voudra.

Notre affaire était *toute* simple, et, pour ainsi dire, *toute* faite, *tout* arrangée : eh bien! elle est devenue en leurs mains *tout* embrouillée, *toute* hérissée de difficultés, dont on ne peut prévoir la fin.

Toute recherchée, *tout* enviée qu'est la grandeur, combien je trouve préférable une *tout* humble, une *toute* modeste position!

Notre général a fait preuve d'un sang-froid et d'une bravoure *prodigieuse* (*ou* d'une bravoure et d'un sang-froid *prodigieux*).

Ce qui m'amuse le plus dans les journaux, ce sont les faits et nouvelles *diverses* (*ou* les nouvelles et faits *divers*).

Tout est arrangé dans le monde avec un ordre, une régularité *parfaite* (*ou* avec une régularité et un ordre *parfaits*).

Adraste menait avec lui trente Dauniens d'un courage et d'une force universellement *redoutés*.

L'auteur des choses a mis dans toutes et dans chacune un ensemble et une beauté *merveilleuse* (*ou* une beauté et un ensemble *merveilleux*).

Nous avons trouvé leurs prétendus droits et leurs réclamations bien *exorbitantes* (*ou* leurs réclamations et leurs droits bien *exorbitants*).

J'ignore où *l'on* en veut venir. — Si, du moins, *l'on* nous eût prévenus. — Sait-on à qui *l'on* peut se fier? — Où *l'on* nous a amenés, grand Dieu! — Si *l'on* veut, *on* peut.

On ne peut servir à la fois deux maîtres, parce que *l'on* négligera certainement l'un ou l'autre.

L'habitude de mentir fait que *l'on* n'est pas cru lors même que *l'on* dit la vérité.

On donne deux fois lorsque *l'on* donne vite.

EXERCICE 70e.

CORRIGÉ.

Eucharis rougissant et baissant les yeux, demeurait derrière *tout* interdite, sans oser se montrer.

Les vaisseaux sont *tout* prêts, et le vent nous appelle.

Autour d'elle volaient les Vengeances *toutes* dégouttantes de sang.

Aux aventures des croisades succèdent des aventures d'une *tout* autre importance.

Toutes belles que sont les récompenses promises, aucun d'eux n'y paraît sensible.

On ne voit point deux fois le rivage des morts.

Un loup disait qu'*on* l'avait volé.

Que ne *puis-je* au travers d'une noble poussière
Suivre de l'œil un char fuyant dans la carrière!

Tu trouves ces fleurs belles et ces fruits délicieux, *cueilles-en, manges-en* tant que tu voudras.

Fussé-je plus instruit que tous les savants ensemble, à quoi me servirait ma science si je ne me connais pas moi-même ?

Est-ce que je vous outrage en vous représentant simplement vos torts ?

Ne crie pas si haut que tu es innocent, *donnes-en, donne-nous-en* la preuve.

On trouve dans cet homme un savoir et une modestie *surprenante.*

Cette histoire nous a paru écrite avec un goût et une impartialité *sans égale.*

MÊME SUJET.

6° On écrit *jusques* au lieu de *jusqu'* devant *à, au, aux, où* quand il y a à craindre une cacophonie, comme dans *jusqu'à quand.*

7° On ne dit pas : *Cours-je? dors-je?* etc., mais *est-ce que je cours? est-ce que je dors?* etc.

8° On ne dit pas non plus : *Travaille-je?* mais *travaillé-je?* en marquant d'un accent aigu *e* muet final de la 1re personne du singulier.

9° Après un verbe à la 3e personne du singulier, terminé par *a* ou par *e*, on met, entre deux traits-d'union, un *t*, appelé euphonique, devant *il, elle* et *on* seulement, pour empêcher un hiatus.

10° La 2e personne du singulier d'un impératif en *e*, comme *porte, cueille,* prend *s* devant les pronoms adverbiaux *en, y.* L'impératif *va* prend aussi *s* devant *y.*

EXERCICE 71e.

CORRIGÉ.

Peut-on pousser la perversité *jusques* à calomnier ses propres amis et sa famille même ?

L'avidité de certains hommes va *jusques* à cumuler plus de places qu'ils n'en peuvent remplir.

Veillé-je ou si je dors ? — *Puissé-je* me tromper ! — Où *porté-je* mes vœux ? — Quelle faveur *eussé-je* obtenue sans vous ? — *Dussé-je* succomber, je ne céderai pas.

Travaillé-je, travailles-tu? *travaille-t-il?* travaillons-nous? travaillez-vous?. travaillent-ils?

Travaillais-je? travaillais-tu? etc.

Travaillai-je? travaillas-tu? *travailla-t-il?*

Travaillerai-je? travailleras-tu? *travaillera-t-il?*

Qu'a-t-il dit? *qu'a-t-il* fait? *qu'espère-t-il* encore? *va-t-il* encor troubler le couchant et l'aurore?

Est-ce que je prends la chose ainsi qu'il la faut prendre?

Est-ce que je change comme vous de l'un à l'autre instant?

Moi, je m'abstiens du mal, mais *puis-je* l'empêcher?

La vertu te dira de borner tes désirs :
Cherches-y tes devoirs, *cherches-y* tes plaisirs.

Où sévit la douleur, où règnent les alarmes,
Portes-y des secours, *vas-y* sécher les larmes.

Quand la sagesse parle, *écoutes-en* la voix, et surtout *pratiques-en* les maximes.

EXERCICE 72ᵉ.

CORRIGÉ.

Je ne parle jamais des autres, encore moins *parlé-je* de moi.

Ce qu'il y a de plus remarquable dans cette personne, c'est un tact et une circonspection *merveilleuse*.

Nos acteurs ont joué avec un talent et une distinction *charmante*.

Je préfère ce journal à cause des faits et des appréciations *intéressantes* qu'il présente quelquefois.

Jusques à quand, Catilina, abuseras-tu de notre patience?

Songes-y bien, mon ami; prends l'affaire comme il convient, *travailles-y* consciencieusement.

Tes explications me suffisent : *donnes-en* toujours de pareilles, et d'autres que moi en seront satisfaits.

Fussé-je riche, je ne ferais pas consister mon bonheur à avoir des richesses; ce serait à faire des heureux.

On t'a fait des torts, *oublies-en* la moitié et pardonne le reste.

T'ennuies-tu dans l'oisiveté? *cherches-en* le remède dans le travail.

Prêté-je une faible somme, je fais un débiteur; et, si la somme est forte, un ennemi.

Savez-vous si *l'on* peut être sûr de cet homme?

Quand est-ce que je pars?

Nous avons été recueillis et soignés avec un zèle et une bonté *touchante*.

Votre couche est dure, mais moi, *est-ce que je couche* sur un lit plus doux?

SIGNES ORTHOGRAPHIQUES.

ACCENTS.

595. L'accent aigu ne se met que sur les *e* fermés, non modifiés par une consonne.

L'accent grave se met :

1° Sur les *e* ouverts, non modifiés par une consonne ou par un accent circonflexe.

2° Sur *e* des mots en *es* (prononcés *ès*), pourvu qu'ils aient plus de trois lettres.

3° Comme signe de distinction sur *a* des adverbes *là, déjà,* de *çà* adverbe et interjection, de *à* et de *voilà* prépositions ; sur *e* de *dès, lès, ès* prépositions ; et sur *u* de l'adverbe *où.*

597. L'accent circonflexe se met :

1° Sur les voyelles longues (61).

2° Sur la lettre *i* des verbes en *aître* et en *oître* devant *t.*

3° Sur la voyelle qui précède le *t* final à la 3° personne du singulier de l'imparfait du subjonctif.

4° Sur *a, i, u* des finales *âmes, îmes, ûmes, înmes, âtes, îtes, ûtes, întes* au passé défini.

5° Sur *o* de *nôtre, vôtre, nôtres, vôtres* quand ils sont pronoms.

6° Comme signe de distinction sur *u* des participes *dû, tû, crû* (de *croître*) et des adjectifs *sûr, mûr.*

7° En général, pour remplacer *s* devant *t*, comme dans *forêt*.

EXERCICE 73e.

CORRIGÉ.

Gardez comme un dépôt précieux le secret qui vous a été confié.

La sécurité est fille de la prudence, et la frugalité mère de la santé.

Étouffe dans son sang ses désirs effrontés,
Thésée à tes fureurs connaîtra tes bontés.

Flore de ses trésors au loin couvre les prés,
Cérès baigne les champs de flots d'épis dorés.

Notre libéralité doit s'étendre également à tous.

Le progrès suit l'étude, il en est la première récompense.

Le mal de notre siècle est une lèpre dont on désespère, quand on considère qu'au lieu d'y chercher un remède, il ne se doute même pas qu'il la recèle dans son sein comme une gangrène qui le mène à sa perte.

Un père austère et rigide pour réprimer le mal, une mère qui modère par sa douceur l'excès de la sévérité, voilà la règle dans un bon ménage.

La première science est de se connaître, disait Socrate. Celui qui se connaît ne se met qu'à sa place : qui peut vouloir l'en ôter ?

Pour que l'enfant apprît, il faudrait qu'il comprît, et pour cela, qu'on lui expliquât les choses et qu'il les appliquât.

Quand nous le vîmes si abattu, nous essayâmes de lui rendre le courage, mais nous n'y parvînmes que difficilement.

Souffrir pour la justice est le sort de l'apôtre.
Nous souffrons, notre sort est plus beau que le vôtre.

Un fruit mûr plaît et nourrit, un fruit sûr déplaît et ne nourrit pas.

La rivière a crû plus vite que nous ne l'avions cru, elle est maintenant au plus haut point de sa crûe.

T'es-tu tû quand tu l'as dû ?

EXERCICE 74ᵉ.

CORRIGÉ.

On s'expose *à* passer pour un sot quand on répète les sottises d'autrui.

L'homme sensé espère peu, mais ne désespère jamais.

A peine fûmes-nous arrivés que nous nous vîmes entourés d'une foule curieuse qui semblait tout étonnée de nous voir.

Nous partîmes cinq cents, mais par un prompt renfort,
Nous nous vîmes trois mille en arrivant au port.

Moi-même, je craignais que la vérité ne perçât le nuage, et qu'elle ne parvînt jusqu'*à* moi malgré les flatteurs.

Ce qui cause les révoltes, c'est l'ambition et l'inquiétude des grands d'un *État* quand on leur a donné trop de licence, et qu'on a laissé leurs passions s'étendre sans bornes.

Si je me trouvais *à* la tête d'un tribunal, je voudrais qu'il n'y régnât que la justice.

Plût *à* Dieu que la guerre fût pour toujours bannie du milieu des hommes !

Il n'est pas juste que nous allions sur les terres de notre voisin, il ne serait pas juste non plus que notre voisin entrât sur les nôtres.

Quand nous revînmes, nous ne trouvâmes plus personne : l'heure passée, on ne nous avait plus attendus.

Dès que vous avez fait tout ce que vous avez dû, quel reproche craindriez-vous qu'on vous adressât ?

Les Druides célébraient leurs sacrifices au milieu des forêts. C'était sur les chênes qu'ils cueillaient le gui sacré.

La fortune, la beauté, la grandeur, tout finit par un *ci-gît*.

TRÉMA ET CÉDILLE.

601. Le tréma est un signe de séparation, qui se met :

1° Sur *i*, *u*, après *a*, *o*, pour empêcher qu'on ne prononce *ai*, *au*, *oi*, *ou* en une seule syllabe.

2° Sur *e* à la fin des mots féminins en *guë* (*gu-e*)

pour empêcher qu'on ne les prononce comme terminés par *gue*, ainsi que *figue*.

La cédille ne sert qu'à adoucir le *c* devant *a, o, u*.

EXERCICE 75e.

CORRIGÉ.

C'est de l'envie que viennent les haines implacables : Caïn n'aurait pas tué son frère s'il n'en avait pas été jaloux ; Saül aurait moins haï David s'il avait pu lui pardonner sa gloire.

L'égoïste n'a que des appétits et point de cœur, il est donc au-dessous de la brute.

Quelque exiguës que soient nos demandes, on refuse d'y faire droit : a-t-on ouï chose pareille ? rien de semblable s'est-il jamais vu ?

Une sentence injuste ne flétrit que les juges : Socrate condamné à boire la ciguë n'a rien perdu dans l'estime des hommes.

Voulez-vous connaître le prix que donne aux choses le besoin ? Voyez le marché de Jacob et d'Ésaü, gourmandise et égoïsme à part. Une faim aiguë tourmentait le chasseur. Plutôt que de mourir avec héroïsme en défenseur de son droit, il acheta à son frère des lentilles, comme il lui aurait acheté du maïs.

La leçon que nous avions reçue, ne commença que tard à porter ses fruits.

Le Français n'aperçoit le danger que lorsqu'il l'a surmonté et vaincu.

> Ne forçons point notre talent,
> Nous ne ferions rien avec grâce.

> Ce que l'on conçoit bien, s'énonce clairement,
> Et les mots, pour le dire, arrivent aisément.

> La façon de donner vaut mieux que ce qu'on donne.
> Un homme délicat craint même le soupçon.

Bien des gens ressemblent à certains édifices, qui n'ont que la façade et point de fond.

Ne formez pas de trop brillantes espérances, de peur de vous voir déçus.

APOSTROPHE.

602. L'apostrophe est un signe d'élision, qui remplace *a, e, i,* à la fin de certains mots, devant un mot commençant par une voyelle ou par *h* muet.

I. Elle remplace *a* seulement dans le mot *la,* article ou pronom. A du pronom *la* ne s'élide que devant le verbe.

II. Elle remplace *e :*

1° A la fin des monosyllabes qui ont le son *e*. *E* du pronom *le* ne s'élide que devant le verbe.

2° A la fin des conjonctions *lorsque, puisque, quoique,* devant *il, ils, elle, elles, on, un, une.*

3° A la fin de *entre, presque,* seulement dans les mots composés.

4° A la fin de *quelque,* adjectif, devant *un, une, autre.*

5° A la fin de *jusque,* devant *à, au, aux, où, ici,* à moins de cacophonie. Dans ce dernier cas, on écrit *jusques.*

6° Dans l'adverbe composé *aujourd'hui.*

7° A la fin de l'adjectif féminin *grande,* quoique devant une consonne, dans les noms composés *grand'croix, grand'mère,* etc.

III. Elle remplace *i* seulement dans le mot *si,* devant *il, ils.*

EXERCICE 76ᶜ.

L'étude de l'histoire est l'occupation la plus utile aux grands ; celui-là seul qui l'a approfondie, possède l'importante science du gouvernement des peuples.

L'erreur la plus funeste est de croire à l'impunité des méchants.

L'homme est pourvu d'organes plus parfaits que ceux de l'animal proprement dit ; c'est pourquoi il fait des choses qu'il est impossible à l'autre d'exécuter ; mais celui-ci n'est pas pour cela une pure machine, comme quelques-uns l'ont prétendu.

L'avare s'abuse en croyant n'amasser que pour lui.

Quand même j'ignorerais le sort qui m'attend après la mort, du moins n'ignoré-je pas quels devoirs m'impose la conscience. Je n'ai donc, dans le doute, qu'à faire ce qu'elle ordonne, et à ne pas faire ce qu'elle défend.

Pourquoi craindre lorsqu'on n'est pas coupable?

Quoiqu'un ami soit un grand bien, il faut savoir lui préférer l'honneur.

Nous partirons puisqu'on l'exige.

Les hommes que la nature a faits pour s'aimer entr'eux, on les voit s'entre-haïr et s'entr'égorger comme des bêtes sauvages.

Quelqu'un me hait peut-être, mais quelqu'autre me veut du bien. Ainsi est faite la vie, et tout se compense.

Jusqu'où n'avons-nous pas déjà porté l'audace?
Nous allons jusqu'au ciel savoir ce qui s'y passe.

Quelque élevé qu'on soit, qu'est-on aux yeux de Dieu?

La grand'croix est la décoration la plus élevée dans un ordre, et un grand'croix est le dignitaire qui en est revêtu.

On voyait autrefois, dans le temps de nos pères,
Les grands-papas grondeurs, les grand'mamans sévères.

J'ai grand'peur que tout ceci ne tourne à mal, et c'est grand'pitié que de voir les abus se propager ainsi.

TRAIT D'UNION ET TRAIT DE SÉPARATION.

603. Le trait-d'union, qu'on appelle aussi tiret, se place :

1° Entre les différents membres des mots composés, excepté lorsqu'il s'y trouve une apostrophe.

2° *Saint,* avec le nom qui suit, forme un nom composé lorsque cette expression ne représente pas le saint lui-même : *la rue Saint-André.*

Après le verbe, devant les pronoms personnels, *je, moi, nous, tu, toi, vous, il, ils, elle, elles, le, la, les, lui, leur, en, y,* quand ces pronoms en sont sujets ou compléments.

3° Entre *ci*, *là* et le mot précédent, excepté *ceci*, *cela*, *voici*, *voilà*.

4° Entre *même* et un pronom précédent, pourvu que ce soit *moi*, *toi*, *lui*, *elle*, *nous*, *vous*, *eux*, *elles*, *soi*.

5° Entre les adjectifs de nombre formant une expression composée par la suppression de *et* devant les quantités ajoutées aux dizaines au-dessous de *cent*.

6° Après une ou plusieurs syllabes d'un mot à la fin d'une ligne, quand on est obligé de porter un reste de ce mot à la ligne suivante.

66. Le trait de séparation indique :

1° Qu'il y a changement d'interlocuteur.

2° Que les phrases sont détachées.

EXERCICE 77ᵉ.

La fête que préfèrent les collégiens, c'est la Saint-Charlemagne, et dans quelques pays, la Saint-Nicolas.

Saint-Étienne, aujourd'hui chef-lieu du département de la Loire, est une ville riche et industrieuse.

Saint Paul, avant sa conversion, gardait les habits de ceux qui lapidaient saint Étienne.

Dis-je, dis-tu, dit-elle, dit-on, disons-nous, dites-vous, disent-ils, disent-elles. — Donne-moi, donne-le-moi, donne-la-lui. — Applique-toi, appliquons-nous. — Sauvez-le, sauvez-la, sauvez-les. — Allez-y, vas-y, va-t'en, ramènes-y-moi, livres-y-toi. — Qu'en-fera-t-on ? où ira-t-il ? ne voilà-t-il pas !

Ou celui-ci, ou celui-là, peu importe. — Ne vous fiez pas à cet homme-là. — Dans ce temps-là, c'était déjà comme aujourd'hui. — A cette heure-ci, combien de malheureux sont sans asile !

J'irai moi-même. — C'est vous-mêmes que cela regarde. — Ne nous en rapportons qu'à nous-mêmes. — Connais-toi toi-même.

Dix-sept, dix-huit, dix-neuf, vingt-deux, vingt-trois, etc., trente-deux, trente-trois, etc., quarante-deux, quarante-trois, etc., cinquante-deux, cinquante-trois, etc., soixante-deux, soixante-trois, etc, soixante-dix, soixante-onze, soixante-douze, etc., quatre-vingts, quatre-vingt-un, quatre-vingt-deux, etc., jusqu'à cent.

Cent francs au denier vingt, combien font-ils? — Vingt livres. — C'est bien dit, va, tu sais tout ce qu'il faut savoir.

Pourquoi gémir ainsi, plaintive tourterelle?
— Je pleure, j'ai perdu ma compagne fidèle.
— Ne crains-tu pas que l'oiseleur
Ne te fasse mourir comme elle?
— Si ce n'est lui, ce sera ma douleur.

Qui veut voyager loin, ménage sa monture. — Un bienfait qu'on reproche est un bienfait perdu. — La clé dont on se sert est toujours claire. — Rien ne sert de courir, il faut partir à point,

SIGNES DE PONCTUATION.

607. La virgule se place entre des parties séparables les plus simples.

608. Le point-avec-virgule se met entre des parties composées, subdivisées par la virgule, lorsque la deuxième ajoute pour le sens à la précédente.

Les deux points se mettent entre deux parties composées dont la deuxième n'est qu'un développement de ce qui précède.

610. Le point se place à la fin d'un alinéa, d'une phrase, d'une abréviation.

EXERCICE 78.

Il y avait déjà longtemps qu'Hercule ne paraissait plus sur la terre; on n'entendait plus parler d'aucun exploit de ce héros; les monstres et les scélérats recommençaient à paraître impunément. Les Grecs ne savaient que croire de lui : les uns disaient qu'il était mort, d'autres qu'il était allé jusque sous l'Ourse glacée dompter les Scythes. Mais Ulysse soutint qu'il était mort et entreprit de me le faire avouer. Il vint me trouver dans un temps où je ne pouvais encore me consoler d'avoir perdu le grand Alcide. Il eut une peine extrême à m'aborder; car je ne pouvais plus voir les hommes, je ne pouvais souffrir qu'on m'arrachât de ces déserts du mont Œta où j'avais vu périr mon ami. Mais la douce persuasion était sur les lèvres de votre père ; il m'attendrit pour les rois grecs qui allaient combattre pour une juste cause. Il ne put néanmoins m'arracher le secret de la mort d'Hercule ; mais il ne doutait point qu'il ne fût mort, et il me pressait de lui découvrir le lieu où j'avais caché ses cendres.

J'eus horreur de faire un parjure ; mais j'eus la faiblesse d'éluder mon serment, n'osant le violer. Les Dieux m'en ont puni. Comme je passais dans l'île de Lemnos, je voulus montrer à tous les Grecs ce que mes flèches pouvaient faire. Me préparant à percer un daim qui se lançait dans un bois, je laissai par mégarde tomber la flèche de l'arc sur mon pied, et elle me fit une blessure que je ressens encore.

<hr>

EXERCICE 79e.

Ulysse, qui m'avait engagé dans cette guerre, fut le premier à m'abandonner. J'ai reconnu depuis qu'il l'avait fait parce qu'il préférait l'intérêt commun de la Grèce et la victoire à toutes les raisons d'amitié. Mais au moment où je me vis abandonné de tous les Grecs par les conseils d'Ulysse, cette politique me parut pleine de la plus horrible inhumanité et de la plus noire trahison. Hélas ! j'étais aveugle et je ne voyais pas qu'il était juste que les plus sages hommes fussent contre moi, de même que les Dieux que j'avais irrités.

Je demeurai pendant presque tout le siégé de Troie seul, sans secours, sans espérance, sans soulagement, livré à d'horribles douleurs dans cette île déserte et sauvage, où je n'entendais que le bruit des vagues de la mer qui se brisaient contre les rochers. Depuis dix ans, je souffrais la honte, la douleur, la faim ; je nourrissais une plaie qui me dévorait ; l'espérance même était éteinte dans mon cœur.

Tout à coup, revenant de chercher des plantes médicinales pour ma plaie, j'aperçus dans mon antre un jeune homme beau, gracieux, mais fier et d'une taille de héros. Il me sembla que je voyais Achille, tant il en avait les traits, les regards et la démarche. O étranger, lui dis-je d'assez loin, quel malheur t'a conduit dans cette île inhabitée ? Je reconnais l'habit grec, cet habit qui m'est encore si cher. Oh ! qu'il me tarde d'entendre ta voix et de trouver sur tes lèvres cette langue que j'ai apprise dès l'enfance, et que je ne puis plus parler dans cette solitude !

HOMONYMES.

On appelle *homonymes* des mots qui se prononcent de même, mais s'écrivent différemment.

EXERCICE 80°.

Abaisse, abbesse.

Abbesse désigne la supérieure d'un couvent ; *abaisse*, une pâte qui sert de fond aux pièces de pâtisserie.

Accort, accord.

Accord signifie harmonie ; *accort* est un adjectif masculin dont le féminin est *accorte*.

Aile, elle.

Elle est un pronom personnel ; *aile*, une partie du corps de l'oiseau.

Aîné, haine, Aisne.

Aisne est une rivière de France ; *aîné*, une partie du corps ; *haine*, un sentiment d'aversion.

Air, ère, hère, aire, haire.

Air est le fluide que nous respirons ; *aire*, le nid des oiseaux de proie, ou un lieu préparé pour le battage du blé ; *ère*, une époque principale servant de point de départ pour les autres ; *haire*, un instrument de pénitence ; *hère*, un pauvre diable. On écrit *j'erre, tu erres, il erre, ils errent* — le verbe *errer*.

Haie, et, ais, eh ! hé ! ès.

Ais est une planche en bois ; *haie*, une clôture ; *et*, la principale conjonction copulative ; *hé !* une interjection servant à appeler ; *eh !* une autre interjection, *ès*, une préposition signifiant *dans*. On écrit tu *es*, il *est* — le verbe *être* ; *j'ai*, que *j'aie*, que tu *aies*, qu'il *ait*, qu'ils *aient* — le verbe *avoir* ; je *hais*, tu *hais*, il *hait* — le verbe *haïr*.

Haleine, alène.

Alène désigne un poinçon ; *haleine*, la respiration.

Haleter, allaiter.

Allaiter signifie nourrir de lait ; *haleter*, respirer péniblement. On écrit j'*aillaite*, tu *allaites*, il *allaite*, ils *allaitent* — le verbe *allaiter* ; je *halettes*, tu *halette*, il *halette* ils *halettent* — le verbe *haleter*.

Amande, amende.

Amande est un fruit ; *amende*, une peine pécuniaire. On écrit j'*amende*, tu *amendes*, il *amende*, ils *amendent* — le verbe *amender*.

An, han, en.

An, c'est l'année ; *en*, une préposition ou un pronom ; *han*, le cri sourd d'un homme qui frappe un coup.

Hanche, anche.

Anche désigne le bec d'un instrument à vent ; *hanche*, une partie du corps.

EXERCICE 81°.

Encre, ancre.

Ancre signifie un crochet en fer pour fixer les navires ; *encre*, une liqueur dont on se sert pour écrire.

Entre, antre.

Antre est une caverne ; *entre*, une préposition. On écrit j'*entre*, tu *entres*, il *entre*, ils *entrent* — le verbe *entrer*.

Août, houe, houx, ou, où.

Août est un des douze mois ; *houx*, une plante toujours verte dont les feuilles sont armées de piquants ; *houe*, un instrument d'agriculture ; *où*, un adverbe de lieu ; *ou*, une conjonction disjonctive.

Appas, appât.

Appât signifie amorce ; *appas* veut dire charmes, attraits.

Haras, Arras.

Arras est une ville de France ; *haras*, un parc pour les chevaux. On écrit je *harasse*, tu *harasses*, il *harasse*, ils *harassent*, — le verbe *harasser*.

Arques, arc.

Arc désigne une partie de circonférence ; *Arques*, une ville de France. On écrit j'*arque*, tu *arques*, il *arque*, ils *arquent* — de verbe *arquer*.

Arrhes, hart, are, art.

Art, science pratique ; *arrhes*, un gage donné à compte ; *hart*, un lien ; *are*, une surface.

Athée, hâté, hâtez, hâter.

Athée, qui ne croit pas à Dieu ; *hâté* participe, *hâter* infinitif, *hâtez* 2e pers. du plur. du verbe *hâter*.

Au, aulx, eau, os, haut, oh ! hô ! ô.

Eau désigne un liquide ; *os*, la substance osseuse ; *aulx*, le pluriel de *ail* ; *au*, un article, dont le pluriel est *aux* ; *haut*, un adjectif signifiant *élevé* ; *oh !* une interjection marquant la surprise ; *ho !* une autre interjection ; *ô*, une particule vocative, précédant quelquefois les pronoms *toi*, *vous*, et le nom de l'être à qui l'on parle.

Ode, Aude.

Aude est une rivière de France ; *ode* un poëme lyrique.

Hospice, auspice.

Auspice signifie présage, protection ; *hospice*, hôpital.

Autant, autan.

Autan est le nom d'un vent du midi ; *autant*, un adverbe de quantité.

EXERCICE 82e.

Hôtel, autel.

Autel désigne une table pour les sacrifices dans les cérémonies religieuses ; *hôtel*, une hôtellerie.

Auteur, hauteur.

Auteur signifie créateur, producteur ; *hauteur*, élévation.

Avant, avent.

Avent est le temps qui précède Noel dans les rituels catholiques ; *avant* est une préposition.

Bai, baie.

Baie est une sorte de rade, ou de petit fruit tel que la groseille ; *bai*, un adjectif signifiant rouge-brun. On écrit je *baie*, tu *baies*, il *baie*, ils *baient* — le verbe *bayer*.

Balle, Bâle, bal.

Bal, signifie danse ; *balle*, boule, ballot ; *Bâle*, une ville suisse.

Ballet, balai.

Balai est un ustensile servant à balayer ; *ballet*, une danse figurée représentant un sujet. On écrit je *balaie*, tu *balaies*, il *balaie*, ils *balaient* — le verbe *balayer*.

Ban, banc.

Ban se dit d'une publication ; *banc*, d'un siége sur lequel on s'assied.

Bât, bas, bah !

Bas est un nom de vêtement pour la jambe, ou un adjectif dont le féminin est *basse* ; *bât*, une selle que l'on met sur les bêtes de somme ; *bah !* une interjection marquant insouciance. On écrit je *bats*, tu *bats*, il *bat* — le verbe *battre*.

Basilic, basilique.

Basilique signifie une église principale ; *basilic*, une fleur, ou un serpent fabuleux.

Baux, beau, bot.

Baux est le pluriel de *bail* ; *beau*, le masculin de *belle* ; *bot*, un adjectif qui ne s'emploie qu'avec *pied*.

Bette, bête.

Bête signifie animal, sot ; *bette*, une plante potagère.

Bon, bond.

Bond signifie saut, élan ; *bon* est le masculin de *bonne*.

Bonace, bonasse.

Bonace signifie le calme de la mer ; *bonasse* est un adjectif signifiant simple et sans malice.

Bout, boue.

Boue est un nom féminin signifiant fange ; *bout*, un nom masculin qui veut dire extrémité. On écrit je *bous*, tu *bous*, il *bout* — le verbe *bouillir*.

Butte, but.

But, c'est le point où l'on vise ; *butte*, une élévation où se trouve le but. On écrit je *butte*, tu *buttes*, il *butte*, ils *buttent* — le verbe *butter*.

Sas, sa, ça, ç'a, çà.

Ça est un pronom signifiant cela ; *çà*, un adverbe de lieu et une interjection ; *ç'a*, une élision pour *ce a* ; *sas*, le nom d'une espèce de crible ; *sa*, un adjectif possessif.

EXERCICE 83ᵉ.

Cale, cal.

Cal veut dire durillon ; *cale*, fond d'un vaisseau, talus, pierre ou morceau de bois pour *caler*. On écrit je *cale*, tu *cales*, il *cale*, ils *calent* — le verbe *caler*.

Caen, kan, camp, quand, quant, qu'en.

Camp désigne un lieu où l'on campe ; *Caen*, une ville de France ; *kan*, un chef tartare ; *quand* est un adverbe interrogatif, ou une conjonction signifiant *lorsque* ; *quant*, un adverbe distributif toujours suivi de *à* ; *qu'en*, une élision pour *que en*.

Canot, canaux.

Canaux est le pluriel de *canal* ; *canot*, un bateau léger.

Canne, Cannes, cane.

Cane est la femelle du canard; *canne*, un roseau, un jonc, un bâton; *Cannes*, une ville de France.

Cape, cap.

Cap, masculin, veut dire promontoire, avant de navire, tête; *cape*, féminin, un vêtement.

Quarte, carte.

Carte, c'est du papier; *quarte*, un terme de jeu ou d'escrime, ou un adjectif qui s'ajoute au mot *fièvre*.

Ce, se.

Ce est un pronom ou un adjectif démonstratif; *se*, un pronom réfléchi.

Séant, céans.

Céans signifie ici dedans. *Séant* est ou un nom qui représente une partie du corps, ou un mot verbal venant du verbe *seoir*.

Sein, saint, sain, cinq, ceint, seing.

Sein désigne une partie du corps, ou l'intérieur d'une chose; *seing*, une signature; *sain*, est un adjectif, masculin de *saine*; *saint*, un adjectif, masculin de *sainte*; *cinq*, un adjectif numéral; *ceint*, le participe passé du verbe *ceindre*. On écrit je *ceins*, tu *ceins*, il *ceint* — le verbe *ceindre*.

Seller, sceller, céler.

Céler, signifie cacher; *seller*, mettre la selle; *sceller*, mettre le sceau. On écrit je *cèle*, tu *cèles*, il *cèle*, ils *cèlent* — le verbe *céler*; je *selle*, tu *selles*, il *selle*, ils *sellent*, — le verbe *seller*; je *scelle*, tu *scelles*, il *scelle*, ils *scellent* — le verbe *sceller*.

Scène, Seine, cène, saine.

Cène représente le dernier repas de J.-C.; *scène*, signifie action, représentation, théâtre; *Seine*, un fleuve de France; *saine* est un adjectif, féminin de *sain*.

Sens, sang, cens, cent, sans, c'en, s'en.

Cens signifie impôt, recensement; *sang*, ce qui coule dans les veines ; *sens*, la faculté, l'organe de la sensibilité, la significa-tion, le côté d'une chose ; *cent* est un adjectif numéral ; *sans*, une préposition ; *s'en*, une élision pour *se en* ; *c'en*, une élision pour *ce en*. On écrit je *sens*, tu *sens*, il *sent* — le verbe *sentir*.

EXERCICE 84e.

Cet, ces, saie, cep, sept, c'est, s'est.

Cep désigne un pied de vigne ; *saie*, une espèce de vêtement ; *cet*, le masculin de *cette* ; *ces*, le pluriel de *ce*, *cette* ; *sept*, un adjectif numéral ; *c'est*, une élision pour *ce est* ; *s'est*, une éli-sion pour *se est*. On écrit je *sais*, tu *sais*, il *sait* — le verbe *savoir*.

Serf, cerf.

Cerf représente un quadrupède ; *serf* un homme en servi-tude. On écrit je *sers* ; tu *sers*, il *sert* — le verbe *servir* ; je *serre*, tu *serres*, il *serre*, ils *serrent* — le verbe *serrer*.

Chêne, chaîne.

Chaîne est un lien ; *chêne*, un arbre.

Cher, chère, chair, chaire, Cher.

Chair signifie la substance musculaire ; *chère*, c'est la ma-nière de se nourrir, ou le féminin de l'adjectif *cher* ; *chaire*, le siége où se tient le prédicateur ; *cher* est un adjectif masculin ; *Cher*, le nom d'une rivière de France.

Chant, champ.

Chant est analogue à chanter ; *champ*, à champêtre.

Chat, chas.

Chas, c'est le trou de l'aiguille ; *chat*, un animal.

Chute, chut !

Chute, c'est l'action de tomber ; *chut !* une interjection pour imposer silence.

Scie, ci, si, six, s'y.

Ci est un adverbe de lieu ; *si*, un adverbe signifiant *telle-ment*, ou une conjonction conditionnelle ; *scie*, un outil pour scier ; *six*, un adjectif numéral ; *s'y*, une élision pour *se y*. On écrit je *scie*, tu *scies*, il *scie*, ils *scient* — le verbe *scier*.

Sire, cire.

Cire représente une substance sécrétée par l'abeille ; *sire*, un titre donné aux souverains. On écrit je *cire*, tu *cires*, il *cire*, ils *cirent* — le verbe *cirer*.

Clair, clerc.

Clerc désigne ou un ecclésiastique ou un commis de légiste ; *clair* est un adjectif dont le féminin est *claire*.

Coi, quoi.

Coi est un adjectif signifiant tranquille ; *quoi*, un pronom indéfini.

Col, colle.

Colle signifie toute matière qui sert à coller ; *col*, le cou, ou un passage étroit entre deux montagnes. On écrit je *colle*, tu *colles*, il *colle*, ils *collent* — le verbe *coller*.

Conte, comte, compte.

Comte est un titre ; *conte*, un récit ; *compte* une supputation. On écrit je *conte*, tu *contes*, il *conte*, ils *content* — le verbe *conter* ; je *compte*, tu *comptes*, il *compte*, ils *comptent* — le verbe *compter*.

Content, comptant.

Content est le masculin de *contente* ; *comptant*, le participe présent de *compter*.

Coque, coq.

Coq est un oiseau ; *coque*, une coquille.

Corps, cor.

Cor désigne un instrument de musique, ou une callosité aux pieds ; *corps* signifie tout objet corporel.

EXERCICE 85ᵉ.

Cote, cotte, côte, quote.

Côte représente certains os, ou signifie rivage de la mer ;

cote, un habillement ; cote, une part d'impôt, une marque ; cote est un adjectif dont est formé le mot *quotité*. On écrit je cote, tu cotes, il cote, ils cotent — le verbe coter.

Cou, coût, coup.

Cou signifie col ; *coup*, l'action de frapper ; *coût*, le prix d'une chose.

Cours, cour, court.

Cour est un nom féminin ; *cours*, un nom masculin ; *court* le masculin de *courte*. On écrit je cours, tu cours, il court, ils courent ; et au subj. que je coure, que tu coures, qu'il coure — le verbe courir.

Crin, craint.

Craint est le participe passé de *craindre* ; crin, un poil long ou rude. On écrit je crains, tu crains, il craint — le verbe craindre.

Cric, cri.

Cri est un nom d'où dérive *crier* ; cric, une machine à soulever les fardeaux. On écrit je crie, tu cries, il crie, ils crient — le verbe crier.

Cru, crû, crûe.

Cru est un adjectif signifiant le contraire de *cuit*, ou c'est le participe passé de *croire* ; *crû* est un nom masculin signifiant terroir, ou c'est le partic. passé de *croître* ; *crûe*, un nom féminin signifiant accroissement des eaux, des plantes, ou c'est le participe féminin de *croître*. On écrit je crus, tu crus, il crut — le verbe croire ; je crûs, tu crûs, il crût — le verbe croître.

Cuir, cuire.

Cuir est une peau préparée ; *cuire*, un infinitif.

Dé, dais, dès, des, dey.

Dais signifie un poêle en ciel-de-lit ; *dé*, un petit instrument de couturière, ou un petit cube pour le jeu ; *des* est un article composé pluriel ; *dès*, une préposition signifiant *depuis* ; *dey*, une dignité chez les musulmans.

Dent, dans, d'en.

Dans est une préposition ; *dent*, une partie de la mâchoire ; *d'en*, une élision pour *de en*.

Datte, date.

Date désigne une époque ; *datte*, un fruit. On écrit je *date*, tu *dates*, il *date*, ils *datent* — le verbe *dater*.

Dégoutter, dégoûter.

Dégoûter vient du mot *dégoût* ; *dégoutter*, du mot *goutte* (tomber goutte à goutte).

Dessin, dessein.

Dessein signifie résolution, projet ; *dessin*, est une image, un plan, un art.

Différent, différend, différant.

Différend est un nom signifiant querelle ; *différent*, un adjectif dont le féminin est *différente* ; *différant*, un participe présent.

EXERCICE 86e.

Don, dom, dont, donc.

Don est un nom qui signifie présent, cadeau ; *dont*, un pronom relatif ; *donc*, un adverbe, quelquefois conjonction ; *dom*, un titre religieux ; quand le titre est laïque, il s'écrit *don*.

Dû, du.

Du est un article composé ; *dû*, un nom masculin singulier signifiant *chose due*, ou le participe passé du verbe *devoir* : le féminin en est *due* au singulier, *dues* au pluriel, et le masculin pluriel *dus*. On écrit je *dus*, tu *dus*, il *dut* — le verbe *devoir* au passé défini, et qu'il *dût* à l'imparfait du subjonctif.

Effort, éphore.

Éphore était le nom d'un magistrat de Sparte ; *effort*, désigne une tentative, un mouvement énergique.

Hanter, enter.

Enter veut dire greffer ; *hanter*, fréquenter. On écrit je

...e, tu *hantes*, il *hante*, ils *hantent* — le verbe *hanter* ; j'*ente*, tu *entes*, il *ente*, ils *entent* — le verbe *enter*.

Étain, étaim, éteint.

Étain est un métal ; *étaim*, la partie la plus fine de la laine cardée ; *éteint*, un participe passé. On écrit j'*éteins*, tu *éteins*, il *éteint* — le verbe *éteindre*.

Hêtre, être.

Être est un infinitif ou un nom ; *hêtre* est le nom d'un arbre.

Œufs, eux.

Œufs est le pluriel de *œuf* ; *eux* est un pronom personnel.

Exhausser, exaucer.

Exaucer signifie écouter favorablement ; *exhausser*, rendre plus haut. On écrit j'*exauce*, tu *exauces*, il *exauce*, ils *exaucent* — le verbe *exaucer* ; j'*exhausse*, tu *exhausses*, il *exhausse*, ils *exhaussent* — le verbe *exhausser*.

Fin, faim, feint.

Faim est le besoin de manger ; *fin* est un nom signifiant terme, but, ou c'est un adjectif dont le féminin est *fine* ; *feint*, un participe passé. On écrit je *feins*, tu *feins*, il *feint* — le verbe *feindre*.

Fer, faire.

Faire est un infinitif ; *fer*, le nom d'un métal.

Faîte, fête, faite.

Fête signifie solennité ; *faîte*, cime ; *faite* est un participe féminin. On écrit vous *faites* — le verbe *faire*, et je *fête*, tu *fêtes*, il *fête*, ils *fêtent* — le verbe *fêter*.

Faît, faix.

Faix est un nom signifiant fardeau ; *fait*, un nom signifiant action, ou un participe passé. On écrit je *fais*, tu *fais*, il *fait*, — le verbe *faire*.

EXERCICE 87e.

Fard, phare.

Fard est un cosmétique ; *phare*, un fanal sur la mer.

Fosse, fausse.

Fausse est le féminin de l'adjectif *faux* ; *fosse*, un trou dans la terre. On écrit je *fausse*, tu *fausses*, il *fausse*, ils *faussent* — le verbe *fausser*.

Fil, file.

File est une suite d'objets ; *fil* est un brin, menu et allongé de chanvre, de lin, etc. On écrit je *file*, tu *files*, il *file*, ils *filent*, — le verbe *filer*.

Flanc, flan.

Flan est une espèce de tarte ; *flanc*, une partie du corps (le côté).

Foie, foi, fois, Foix.

Foi signifie confiance, ou représente une vertu théologale ; *foie* est le nom d'un viscère ; *fois* veut dire circonstance de temps ; *Foix*, une ville de France.

Fonts, fond, fonds.

Fonts signifie le bassin où l'on baptise ; *fond*, le point le plus bas d'un creux ; *fonds*, un bien en terre, marchandise ou argent. On écrit ils *font* — le verbe *faire*.

Foret, forêt.

Forêt est un bois ; *foret*, un instrument à percer des trous.

Frais, frai, fret.

Frai représente des œufs de poissons, de grenouilles ; *frais* est le masculin de *fraîche* ; *fret*, la cargaison d'un navire.

Guet, gai, gué.

Gai est un adjectif dont le féminin est *gaie* ; *guet*, un nom signifiant patrouille ; *gué*, un passage à pied dans un cours d'eau.

Gant, Gand.

Gant est un vêtement pour la main ; *Gand*, un nom de ville.

Gaze, gaz.

Gaz est un fluide ; *gaze*, une étoffe légère. On écrit je *gaze*, tu *gazes*, il *gaze*, ils *gazent* — le verbe *gazer*.

Geai, jais.

Jais est une substance bitumineuse d'un noir luisant ; *geai*, un oiseau. On écrit j'*ai* au présent de l'indic., et que j'*aie* au prés. du subjonct. — le verbe *avoir*.

Gens, gent, Jean, j'en.

Gent est un substantif féminin signifiant race ; *gens* veut dire des personnes ; *Jean* est un nom d'homme ; *j'en*, une élision pour *je en*.

Grâce, grasse, Grasse.

Grasse est une ville de France ; *grasse*, le féminin de *gras* ; *grâce* signifie bienfait, reconnaissance, agrément.

Grèce, graisse.

Graisse vient de *gras* ; *Grèce* est un nom propre de contrée. On écrit je *graisse*, tu *graisses*, il *graisse*, ils *graissent* — le verbe *graisser*.

Gré, grès, Gray.

Grès est une sorte de pierre ; *Gray*, une ville de France ; *gré* signifie volonté.

Guère, guerre.

Guerre est un nom féminin ; *guère*, un adverbe signifiant un peu.

EXERCICE 88e.

Ache, hache.

Hache est un instrument ; *ache*, une plante. On écrit je *hache*, tu *haches*, il *hache*, ils *hachent* — le verbe *hacher*.

Heure, heur, heurt, Eure.

Heur est un nom masculin signifiant heureuse chance ; *heure*, un nom féminin représentant la 24ᵉ partie du jour ; *heurt* signifie coup, achoppement ; *Eure*, une rivière de France.

Or, hors.

Hors est un adverbe ou une préposition ; *or*, le nom d'un métal, ou une conjonction.

Hôte, hotte, haute.

Hotte est un panier qui se porte sur le dos ; *hôte*, celui qui loge ou qui est logé ; *haute*, le féminin de l'adjectif *haut*. On écrit j'*ôte*, tu *ôtes*, il *ôte*, ils *ôtent* — le verbe *ôter*.

Huit, huis.

Huis signifie porte, on en a formé *huissier* ; *huit* est un adjectif numéral.

Une, hune.

Hune est une partie du navire ; *une* le féminin de *un*.

Ile, il, Ille.

Il est un pronom ; *île*, une partie de terre entourée d'eau ; *Ille* est le nom d'une petite rivière de France.

Jarre, jars.

Jars est le mâle de l'oie ; *jarre*, un vase.

Jeune, jeûne.

Jeune signifie peu âgé ; *jeûne* veut dire abstinence. On écrit je *jeûne*, tu *jeûnes*, il *jeûne*, ils *jeûnent* — le verbe *jeûner*.

Lacs, la, las, las ! là.

La est un article ou un pronom ; *lacs*, un nom signifiant lacets ; *las*, le masculin de l'adjectif *lasse* ; *las !* une interjection marquant apitoiement ; *là*, un adverbe de lieu.

Laque, lac.

Lac est une pièce d'eau ; *laque*, un vernis.

Laid, lai, laie, lait, lé.

Lai est le nom d'un petit poème, ou un adjectif signifiant laïque ; *laid* le masculin de *laide* ; *laie*, la femelle du sanglier ; *lé*, une largeur d'étoffe ; *lait*, un nom dont est formé *laitage*.

Lares, lard, l'art.

Lard est un nom d'où vient *larder* ; *lares* signifie dieux pénates, foyers ; *l'art* est une élision pour *le art*.

Laon, lent, l'en, l'an.

Lent est le masculin de *lente* ; *Laon*, une ville de France ; *l'en*, une élision pour *le en* ; *l'an*, une élision pour *le an*.

Leste, lest, l'est.

Lest signifie poids pour lester ; *leste* est un adjectif signifiant agile ; *l'est*, une élision pour *le est* (un point cardinal).

Leur, leurre, l'heure.

Leurre signifie une attrape ; *leur* est un pronom ou un adjectif possessif ; *l'heure*, une élision pour *la heure*. On écrit je *leurre*, tu *leurres*, il *leurre*, ils *leurrent* — le verbe *leurrer*.

EXERCICE 88ᵉ.

Lice, lis, lisse.

Lis est une fleur ; *lice*, la carrière où l'on court, ou la femelle d'un chien de chasse ; *lisse*, un adjectif signifiant uni. On écrit je *lisse*, tu *lisses*, il *lisse*, ils *lissent* — le verbe *lisser*.

Lie, lit.

Lit est une couche ; *lie*, un sédiment. On écrit je *lis*, tu *lis*, il *lit* — le verbe *lire*, et je *lie*, tu *lies*, il *lie*, ils *lient* — le verbe *lier*.

Lieue, lieu.

Lieu signifie endroit ; *lieue*, une mesure itinéraire.

Lion, Lyon.

Lion est un animal ; *Lyon*, une ville de France. On écrit nous *lions* au présent de l'indic., et nous *liions*, à l'imparfait de l'indic. et au présent du subj. — le verbe *lier*.

Lyre, lire, l'ire.

Lire est un infinitif ; *lyre*, un instrument de musique ; *l'ire*, une élision pour *la ire* (la colère).

Loque, loch, looch.

Looch est une potion médicinale ; *loque*, un haillon ; *loch*, un terme de marine.

Loire, loir, Loir.

Loire est un fleuve de France ; *Loir*, une rivière de France ; *loir*, un animal.

Lors, lord, l'or.

Lord est un noble anglais ; *lors* un adverbe de temps ; *l'or* une élision pour *le or*.

Lutte, lut, luth, l'ut.

Lut signifie un enduit ; *luth*, un instrument de musique ; *lutte*, un exercice ; *l'ut*, une élision pour *le ut*. On écrit je *lute*, tu *lutes*, il *lute*, ils *lutent* — le verbe *luter*, et je *lutte*, tu *luttes*, il *lutte*, ils *luttent* — le verbe *lutter*.

Ma, mât, m'as, m'a.

Mât est une pièce de bois qui porte les voiles ; *ma*, un adjectif possessif ; *m'as*, une élision pour *me as* ; *m'a*, une autre élision pour *me a*.

Mets, mes, mai, mais, m'es, m'est.

Mai est le nom d'un mois ; *mets*, une nourriture ; *mes*, un adjectif possessif ; *mais*, une conjonction ; *m'es* une élision pour *me es* ; etc. On écrit je *mets*, tu *mets*, il *met* — le verbe *mettre*.

Maille, mail, m'aille, m'ailles, m'aillent.

Mail est une promenade ; *maille* signifie nœud ; *maille* est une élision pour *me aille* ; etc.

Maint, Mein, main,]

Main est une partie du corps ; *Mein*, une rivière ; *maint*, un adjectif dont le féminin est *mainte*.

Mère, mer, Maire.

Maire est un nom de dignité ; *mère*, le féminin de père ; *mer*, l'océan.

Mètre, maître, mettre.

Maître, c'est celui qui commande ; *mètre*, une mesure ; *mettre*, un infinitif.

———————

EXERCICE 90ᵉ.

Malle, mâle, mal.

Mal, c'est l'opposé de bien ; *malle*, une caisse de voyage ; *mâle* est un adjectif signifiant *qui est du sexe masculin*.

Manne, mânes.

Mânes signifie certains dieux, les ombres des morts ; *manne*, une sorte de panier, ou une drogue.

Menthe, mante, Mantes.

Mante est un vêtement ; *menthe*, une plante ; *Mantes*, une ville de France. On écrit que je *mente*, que tu *mentes*, qu'il *mente*, qu'ils *mentent* — le verbe *mentir*.

Marri, mari, Marie.

Mari signifie époux ; *marri* veut dire fâché ; *Marie* est un nom de femme. On écrit je *marie*, tu *maries*, il *marie*, ils *marient* — le verbe *marier*.

Mâtin, matin.

Matin, c'est l'aube du jour ; *mâtin*, un chien de forte espèce.

Mot, maux, Meaux.

Maux est le pluriel de mal ; *mot* signifie parole ; *Meaux* est une ville de France.

Messe, Metz.

Messe est une cérémonie religieuse ; *Metz*, une ville.

Mie, mi, m'y.

Mie désigne la partie molle du pain, ou est un diminutif de *amie* ; *mi* est une note de musique ou un diminutif de *demi* ; *m'y* est une élision pour *me y*. On écrit je *mis*, tu *mis*, il *mit* — le verbe *mettre*.

Mille, mil.

Mil est un nom signifiant millet, ou un adjectif ordinal ; *mille* est un adjectif cardinal (quelquefois ordinal), ou un nom de mesure itinéraire.

Myrrhe, mire.

Mire signifie vision ou ce qui guide la vision dans l'usage des armes à feu ; *myrrhe*, un parfum. On écrit je *mire*, tu *mires*, il *mire*, ils *mirent* — le verbe *mirer*, et ils — *mirent*, le verbe *mettre*.

Molle, môle.

Môle est le nom d'une digue en mer ; *molle*, le féminin de l'adjectif *mou*.

Mort, mors, Maure et more.

Mors est une partie de la bride ; *mort*, la fin de la vie ; *Maure*, un Africain.

Moue, mou, moût.

Mou est un nom masculin représentant une substance animale, ou un adjectif dont le féminin est *molle* ; *moût*, du vin non fermenté ; *moue*, grimace. On écrit je *mouds*, tu *mouds*, il *moud* — le verbe *moudre*.

Mu, mue.

Mue est un nom signifiant changement de voix, de peau, etc. ; *mu* est un participe passé. On écrit je *mus*, tu *mus*, il *mut*, et au subj. qu'il *mût* — le verbe *mouvoir* ; je *mue*, tu *mues*, il *mue*, ils *muent* — le verbe *muer*.

Mûre, mur, mûr.

Mur représente une muraille ; *mûr* est un adjectif dont le féminin est *mûre* ; *mûre*, le nom d'un fruit. On écrit je *mure*, tu *mures*, il *mure*, ils *murent* — le verbe *murer*.

Né, nez.

Nez est le nom d'une partie du visage ; *né*, le participe de *naître*.

Ni, nid, n'y.

Nid désigne l'endroit où l'oiseau dépose ses œufs ; *ni* est une conjonction négative ; *n'y*, une élision pour *ne y*. On écrit je *nie*, tu *nies*, il *nie*, ils *nient* — le verbe *nier*.

EXERCICE 91e.

Non, nom, n'ont.

Nom est le substantif qui sert à nommer; *non*, un adverbe négatif; *n'ont* une élision pour *ne ont.*

Nu, nue.

Nue est un nom signifiant nuage; *nu*, un adjectif masculin dont le féminin est *nue.*

Nui, nuit, Nuits.

Nuit est un nom signifiant obscurité; *Nuits*, une ville de France; *nui*, un participe passé. On écrit je *nuis*, tu *nuis*, il *nuit* — le verbe *nuire.*

Hombre, ombre.

Ombre signifie obscurité; *hombre*, une espèce de jeu. On écrit j'*ombre*, tu *ombres*, il *ombre*, ils *ombrent* — le verbe *ombrer.*

Oublie, oubli.

Oubli, masculin, est un manque de mémoire; *oublie*, féminin, une espèce de pâtisserie. On écrit j'*oublie*, tu *oublies*, il *oublie*, ils *oublient* — le verbe *oublier.*

Ouï, ouïe, ouï.

Ouïe est un des cinq sens; *oui*, une affirmation; *ouï*, un participe passé. On écrit j'*ouïs*, tu *ouïs*, il *ouït* — le verbe *ouïr* au passé défini.

Père, pair, paire.

Pair est un nom de dignité, ou un adjectif signifiant égal; *père* est le masculin de *mère*; *paire*, une réunion de deux. On écrit je *perds*, tu *perds*, il *perd* — le verbe *perdre.*

Paie, paix.

Paix est un nom signifiant tranquillité; *paie*, un paiement. On écrit je *paie*, tu *paies*, il *paie*, ils *paient* — le verbe *payer.*

Pin, pain, peint.

Pain est un aliment; *pin*, un arbre; *peint*, un participe passé. On écrit je *peins*, tu *peins*, il *peint* — le verbe *peindre.*

Palet, palais.

Palais désigne l'intérieur de la bouche, ou une habitation royale ; *palet*, un disque à jouer.

Paon, pan.

Pan représente une partie de mur, de vêtement ; *paon*, un oiseau. On écrit je *pends*, tu *pends*, il *pend* — le verbe *pendre*.

Penser, panser.

Panser signifie donner des soins à un cheval, à une plaie ; *penser*, c'est réfléchir. On écrit je *pense*, tu *penses*, il *pense*, ils *pensent* — le verbe *penser*, et je *panse*, tu *panses*, il *panse*, ils *pansent* — le verbe *panser*.

Part, par.

Par est une préposition ; *part*, un substantif qui signifie partie, portion. On écrit je *pars*, tu *pars*, il *part* — le verbe *partir*; et je *pare*, tu *pares*, il *pare*, ils *parent* — le verbe *parer*.

Parques, parc.

Parc est un enclos; *Parques*, une espèce de divinités. On écrit je *parque*, tu *parques*, il *parque*, ils *parquent* — le verbe *parquer*.

Pari, Paris.

Paris est la capitale de la France ; *pari*, un nom qui signifie gageure. On écrit je *parie*, tu *paries*, il *parie*, ils *parient* — le verbe *parier*.

Parti, partie.

Parti est un nom qui signifie résolution ou faction, ou bien c'est un participe passé ; *partie*, nom féminin, veut dire une part ou fraction. On écrit je *pars*, tu *pars*, il *part* — le verbe *partir*.

EXERCICE 92e.

Patte, pâte.

Pâte signifie farine pétrie ; *patte* se dit des pieds de certains animaux.

Pomme, paume.

Paume, c'est le dedans de la main ; *pomme*, le fruit du pommier.

Peau, pot, Pau, Pô.

Pau est une ville de France ; *peau*, le tissu membraneux qui recouvre le corps ; *pot*, un vase ; *Pô*, un fleuve d'Italie.

Pose, Pause.

Pause signifie repos ; *pose* veut dire position, l'action de poser. On écrit je *pose*, tu *poses*, il *pose*, ils *posent* — le verbe *poser*.

Pécheur, pêcheur.

Pécheur est celui qui commet des péchés ; *pêcheur*, celui qui prend du poisson.

Penne, pène, peine.

Peine, c'est de la fatigue, de la douleur ; *pène*, une partie de la serrure ; *penne*, une plume. On écrit je *peine*, tu *peines*, il *peine*, ils *peinent* — le verbe *peiner*.

Pic, pique.

Pic est un roc élevé, ou un oiseau grimpeur, ou un instrument en fer, ou un terme de jeu de piquet ; *pique*, une arme. On écrit je *pique*, tu *piques*, il *pique*, ils *piquent* — le verbe *piquer*.

Pieu, pieux.

Pieux est un adjectif dont le féminin est *pieuse* ; *pieu*, un morceau de bois pointu par un bout.

Plaie, plaids, plaid.

Plaids signifie plaidoyers ; *plaie*, blessure ; *plaid*, manteau écossais. On écrit je *plais*, tu *plais*, il *plaît* — le verbe *plaire*.

Plein, plain.

Plain signifie uni, plan ; *plein*, rempli. On écrit je *plains*, tu *plains*, il *plains* — le verbe *plaindre*.

Pleine, plaine.

Plaine désigne une certaine étendue de pays plat ; *pleine* est le féminin de l'adjectif *plein*.

Plinthe, plainte.

Plainte, c'est l'action de se plaindre ; *plinthe*, un terme de menuiserie, désignant une saillie au pied d'une colonne, d'un bâtiment ou des murs d'un appartement.

Plant, plan.

Plan signifie une surface plane, un dessin ; *plant*, une jeune tige plantée ou à planter.

Pois, poids, poix.

Poids signifie pesanteur ; *pois* est un légume ; *poix*, une résine.

Point, poing.

Poing, c'est la main fermée ; *point*, la trace d'une peinte. On écrit il *point* — le verbe *poindre*.

Port, pore, porc.

Pore désigne un trou imperceptible à la peau ; *port*, un asile pour les vaisseaux, ou l'action de porter ; *porc*, un animal.

Pousse, pouce.

Pouce est le nom du premier doigt de la main ; *pousse*, celui d'un rejeton d'arbre. On écrit je *pousse*, tu *pousses*, il *pousse*, ils *poussent* — le verbe *pousser*.

Prêt, prés, pré.

Près est un adverbe marquant proximité ; *prêt*, un adjectif signifiant préparé à ; *pré*, une prairie.

Pris, prix.

Prix signifie valeur d'un objet, récompense ; *pris* est un participe passé. On écrit je *pris*, tu *pris*, il *prit*, et au subj. qu'il *prît* — le verbe *prendre* ; je *prie*, tu *pries*, il *prie*, ils *prient* — le verbe *prier*.

Provin, Provins.

Provins est une ville de France ; *provin*, un rejeton de cep de vigne. On écrit je *provins*, tu *provins*, il *provint*, et au subj. qu'il *provînt* — le verbe *provenir*.

Puits, puis.

Puis est un adverbe, souvent conjonction ; *puits*, le nom d'un creux où l'on puise de l'eau, de la houille, etc. On écrit je *puis* — le verbe *pouvoir*.

Rais, raie.

Raie nom féminin, signifie une ligne tracée, un poisson ; *rais*, masculin, les rayons d'une roue. On écrit je *raie*, tu *raies*, il *raie*, ils *raient* — le verbe *rayer*.

EXERCICE 93e.

Réponse, raiponce.

Raiponce représente une plante ; *réponse*, l'action de répondre.

Résonner, raisonner.

Raisonner signifie faire un raisonnement ; *résonner*, veut dire retentir. On écrit je *résonne*, tu *résonnes*, il *résonne*, ils *résonnent* — le verbe *résonner*, et je *raisonne*, tu *raisonnes*, il *raisonne*, ils *raisonnent* — le verbe *raisonner*.

Roc, rauque.

Rauque est un adjectif signifiant rude ; *roc* est un rocher ardu.

Régale, régal.

Régal signifie bonne chère ; *régale*, un droit dont jouissaient nos anciens rois ; ou c'est un adjectif se rapportant à *eau* dans *eau régale*. On écrit je *régale*, tu *régales*, il *régale*, ils *régalent* — le verbe *régaler*.

Renne, rêne, reine, Rennes.

Reine est le féminin de *roi* ; *renne*, un animal ; *rêne*, une courroie pour conduire les chevaux ; *Rennes*, une ville de France.

Repère, repaire.

Repaire est une retraite pour les bêtes féroces ; *repère*, une marque pour se retrouver dans un livre, dans un registre.

Sandale, sandal.

Sandal est le nom d'un bois de teinture ; *sandale,* une sorte de chaussure.

Satyre, satire.

Satire signifie critique ; *satyre* est une divinité païenne.

Sol, sole, saule.

Saule est le nom d'un arbre ; *sole,* celui d'un poisson ; *sol* signifie terrain, ou une note de musique.

Saumure, Saumur.

Saumure, c'est de l'eau salée ; *Saumur,* une ville de France.

Sort, saur, saure.

Saur, est un adjectif signifiant fumé ; *saure,* la couleur d'un cheval (jaune-brun) ; *sort* est un nom signifiant destinée, hasard. On écrit je *sors,* tu *sors,* il *sort* — le verbe *sortir,* et je *saure,* tu *saures,* il *saure,* ils *saurent* — le verbe *saurer.*

Sot, saut, seau, sceau, Sceaux.

Saut est l'action de sauter ; *seau,* un vase ; *sceau,* un cachet ; *Sceaux,* une ville de France ; *sot* est un adjectif dont le féminin est *sotte.*

Cellier, sellier.

Sellier est un ouvrier en sellerie ; *cellier,* un endroit où l'on met le vin.

Serein, serin.

Serin est un nom d'oiseau dont le féminin est *serine;* *serein,* un adjectif dont le féminin est *sereine.*

Cession, session.

Session signifie une suite de séances; *cession,* un abandon, l'action de céder.

Soque, soc.

Soc, c'est le fer de la charrue ; *soque,* une chaussure.

Soie, soi, soit.

Soi est un pronom réfléchi ; *soie,* un fil long et brillant produit par certains insectes ; *soit*, une conjonction ou un verbe. On écrit *sois* à l'impératif, et que je *sois*, que tu *sois*, qu'il *soit*, qu'ils *soient* au présent du subj. — le verbe *être*.

Statut, statue.

Statue est une figure de plein relief ; *statut*, un règlement. On écrit je *statue*, tu *statues*, il *statue*, ils *statuent*. — le verbe *statuer*.

Sûr, sur.

Sur est une préposition ; *sûr*, un adjectif dont le féminin est *sûre*.

Tas, ta.

Ta est un adjectif possessif ; *tas*, un nom signifiant amas.

Tacher, tâcher.

Tacher signifie salir ; *tâcher*, s'efforcer.

EXERCICE 94e.

Tes, têt, taie, t'es, t'est.

Taie se dit d'une enveloppe d'oreiller, ou d'une maladie de l'œil ; *têt* est une étable à porcs, ou un débris de vase cassé ; *tes* est un adjectif possessif ; *t'es*, une élision pour *te es* ; etc. On écrit je *tais*, tu *tais*, il *tait* — le verbe *taire*.

Thym, tain, teint.

Tain, c'est de l'étain pour glace ; *thym*, une plante odorante ; *teint*, un nom signifiant couleur, ou un participe passé. On écrit je *teins*, tu *teins*, il *teint* — le verbe *teindre*.

Terre, ter, taire.

Taire est un infinitif ; *terre*, le globe terrestre ; *ter*, un adverbe signifiant trois fois.

Temps, tan, tant, t'en.

Tan est la substance avec laquelle on tanne ; *temps*, la durée des êtres et des choses ; *tant*, un adverbe de quantité ;

t'en, une élision pour *te en*. On écrit je *tends*, tu *tends*, il *tend* — le verbe *tendre*.

Tente, tante.

Tante, c'est le féminin de oncle ; *tente*, une toile tendue pour servir d'abri. On écrit je *tente*, tu *tentes*, il *tente*, ils *tentent* — le verbe *tenter*.

Tôt, taux.

Taux est une taxe ; *tôt*, un adverbe de temps.

Toit, toi.

Toi est un pronom ; *toit*, un nom signifiant toiture, abri.

Tort, tors.

Tors signifie tordu ; *tort*, une faute. On écrit je *tords*, tu *tords*, il *tord* — le verbe *tordre*.

Tout, toue, toux.

Toue est un bateau plat ; *toux*, le mouvement par lequel on tousse ; *tout*, un pronom, ou un adjectif, ou un adverbe.

Tour, Tours.

Tours, c'est une ville de France ; *tour*, un édifice élevé.

Très, trait.

Trait est un nom signifiant projectile, longe pour les chevaux, ligne tracée, action ; *très* est un adverbe. On écrit je *trais*, tu *trais*, il *trait* — le verbe *traire*.

Tribut, tribu.

Tribu signifie famille constitutive chez les anciens ; *tribut*, un impôt.

Troie, Troyes, trois.

Trois est un nombre ; *Troie*, l'antique capitale de la Troade ; *Troyes*, une ville de France.

Trot, trop.

Trop est un adverbe ; *trot*, une allure du cheval.

Vin, vain, vingt.

Vain est un adjectif dont le féminin est *vaine* ; *vin*, une boisson; *vingt*, un adjectif numéral. On écrit je *vins*, tu *vins*, il *vint*, et au subj., qu'il *vînt* — le verbe *venir*.

Veine, vaine.

Vaine est le féminin de l'adjectif *vain*; *veine*, un canal pour le sang.

Vent, van.

Van est un instrument d'osier; *vent*, une agitation de l'air.

Vôtre, votre.

Votre est un adjectif possessif; *vôtre*, un pronom possessif. On écrit je me *vautre*, tu te *vautres*, il se *vautre*, ils se *vautrent* — le verbe se *vautrer*.

Vaux, veau, vos.

Veau, c'est le petit de la vache; *vaux*, le pluriel de *val*; *vos*, un adjectif possessif. On écrit je *vaux*, tu *vaux*, il *vaut* — le verbe *valoir*.

Verre, ver, vert, vers, vair.

Ver est un insecte; *verre*, un corps vitrifié, un vase à boire; *vert*, un adjectif dont le féminin est *verte*; *vers*, un nom dont est formé *versifier*, ou une préposition qui marque direction; *vair*, une fourrure.

Vis, vice.

Vice signifie défaut; *vis*, ce qui entre dans l'écrou. On écrit je *visse*, tu *visses*, il *visse*, ils *vissent* — le verbe *visser*.

Ville, vile.

Vile est un adjectif, féminin de *vil*; *ville*, le nom d'une cité.

Voix, voie.

Voie signifie chemin, moyen; *voix*, un son. On écrit je *vois*, tu *vois*, il *voit*, ils *voient*; et au subj., que je *voie*, que tu *voies*, qu'il *voie*, qu'ils *voient* — le verbe *voir*.

RÉCAPITULATION D'ORTHOGRAPHE.

EXERCICE 95°.

CORRIGÉ.

Les *vrais* gens de lettres n'ambitionnent ni les honneurs ni les richesses.

Les *loups-garous* n'épouvantent plus que les vieilles femmes et les enfants.

L'estime et l'amour *perdus* ne se recouvrent jamais *tout* entiers.

Les mausolées des *Aristide* et des *Caton* ont péri, détruits par le temps, mais la mémoire de leurs vertus vivra à jamais.

Les écrivains modernes multiplient hors de mesure les *alinéas*.

Si je savais quelque chose qui me fût *bon* à moi, mais préjudiciable aux autres, je m'en abstiendrais.

Ces actions, qui comblèrent Pompée de gloire, firent que, dans la suite, quelque chose qu'il eût *faite* au préjudice des lois, le sénat *la* lui pardonna.

J'ai ouï dire à *feu* ma sœur que sa fille et moi sommes nés le même jour.

Après s'être *battus* à outrance, et cruellement *blessés* l'un l'autre, on s'embrassait et l'on redevenait sincèrement *amis*.

Quels que soient ses penchants le sage les surmonte.

Personne ne fut plus doué que Fénelon de cette indulgence, de cette bonté qui *captive* tous les cœurs.

Sans les chameaux, la plupart des caravanes traversant le désert *seraient ensevelies* dans les sables brûlants.

Périclès avait un langage et des manières *insinuantes*. Il captiva longtemps les Athéniens, hommes légers et changeants.

Quand on m'a fait une offense, disait Descartes, je tâche d'élever mon âme si *haut* que l'offense ne puisse arriver jusqu'à elle.

L'impartialité du juge, ainsi que son mérite, ayant été justement *suspectée*, l'affaire fut portée devant un autre tribunal.

Armons l'homme contre les accidents imprévus ; qu'Émile coure *nu-pieds* tous les matins en toute saison.

Il y a des théâtres où les places de parterre sont ouvertes à tout le monde, les femmes *exceptées*.

EXERCICE 96e.

Le feu des guerres civiles dont François II vit les premières étincelles, avait commencé sous la minorité de Charles IX.

On avertit charitablement les autres de *leurs* torts et de *leurs* défauts pour avoir le plaisir de les humilier.

Chère enfant, disait-il à sa fille, tu es toute ma consolation ici-bas.

La bonté ou la méchanceté se *montre peinte* sur le visage ; ni adresse ni volonté ne *seraient suffisantes* pour tromper des yeux tant soit peu exercés.

Dire que peuples et nations sont *faites* pour les souverains c'est dire que navire et équipage sont *faits* pour le pilote.

Les vrais philosophes ont plus mérité du genre humain que les *Hercule* et les *Thésée*.

L'auteur d'une Heure de mariage n'a voulu que faire rire à force de *quiproquos*.

Les *arcs-en-ciel* n'ont lieu que lorsque le soleil est peu élevé sur l'horizon.

Quelque chose que vous ayez *avancée*, quand *elle* est *avérée* pour vous, ne vous en désistez pas.

Quelque mauvais que puissent être certains livres, on y trouve toujours quelque chose qui mérite d'être *lu*.

On n'est que plus *chérie* alors que l'on est mère.

L'envie, ainsi que les autres passions, *semble* peu *compatible* avec le bonheur.

Plus nous donnerons aux autres l'occasion de plaire, plus nous *leur* plairons.

Un nombre infini de maîtres de langues, d'arts et de sciences *enseignent* ce qu'*ils* ne *savent* pas.

Ce ne *sera* ni la force de vos armées ni l'étendue de votre empire qui vous *rendront* cher à vos peuples.

Il était d'une assiduité, d'une exactitude qui *étonnait* tout le monde.

Athéniens, ne soyez pas étonnés que Démosthène et moi *différions* d'avis.

Marie Stuart prit le titre de reine d'Angleterre comme *descendante* de Henri VII.

EXERCICE 97ᵉ.

Les *anciennes* hymnes d'église ont le mérite de la simplicité, les *nouvelles* ont plus de grandeur.

On ferait mille *in-folio* des erreurs où sont tombés les hommes, et à grand'peine un in-douze des vérités qu'ils ont connues.

Les *loups-cerviers* du Canada sont plus petits et plus blancs que ceux de nos contrées.

Puisque vous tenez tant à vos opinions, laissez-*leur* les *leurs*.

On n'est véritablement heureux en ménage qu'à la condition d'être bien *unis*.

Ces assemblées, ainsi que les repas et les exercices publics, étaient toujours *honorées* de la présence des vieillards.

Des colonies, *quelque* riches qu'elles soient, ne valent pas le sacrifice d'un principe d'humanité.

Ce n'*étaient* plus les soldats de la république, mais ceux de Sylla, de Marius, de Pompée.

Pénélope sa femme, et moi qui *suis* son fils *avons* perdu toute espérance de le revoir.

L'humanité n'est qu'une succession d'êtres *naissant*, *vivant* et *mourant*.

Les accusateurs de Manlius lui reprochaient les discours séditieux qu'on l'avait *entendu* tenir, et les changements qu'il avait *proposé* d'introduire dans la république.

Les siècles *ont* passé, le temps rapide a fui ;
Mais les jours écoulés recommencent pour lui.

On peut marcher à sa ruine par une route toute couverte d'*arcs-de-triomphe*.

Quelques lumières que l'on ait, rien n'est plus commun que de se tromper.

Les eaux *dormantes* sont meilleures pour les chevaux que les eaux vives.

Démocrite et Épicure, avec leurs atomes *déclinant* dans le vide, n'étaient guère plus enfants que Descartes avec ses atomes *tournoyant* dans le plein.

L'héroïsme espagnol est froid, la hauteur, l'arrogance y domine.

EXERCICE 98e.

Il y a beaucoup de *prétendues savantes* gens que l'on croit bien *occupées* dans leur cabinet, et qui y attrapent plus de mouches que de vérités.

Dans les assemblées délibérantes, les *zéros* forment les dizaines et les centaines.

Un ministre doit éviter, presque autant que le mal, les *demi-remèdes* dans les grands maux.

Le barbet a les oreilles longues et pendantes; et la queue, de même que le corps, *couverte* de longs poils.

Quelque laborieuse et dure que soit la vie des gens de bien, elle l'est moins que celle des méchants.

Une nature sombre s'harmonise avec la douleur, mais une nature gaie et *tout* étincelante des rayons du soleil semble une ironie dans les temps de calamité.

C'est la fermeté d'âme et la netteté d'esprit qui nous *empêchent* de tomber dans les erreurs du vulgaire.

Nous devons bien prendre garde à nous, hommes obscurs et ignorants, qui ne *cherchons* la vérité que pour le bonheur de la connaître.

Des esprits bas et *rampants* ne s'élèvent jamais au sublime.

La Renommée dont Virgile a donné une peinture si brillante, est bien supérieure aux imitations que l'on en a *faites*.

Combien de siècles se sont *écoulés* avant que les hommes aient pu revenir au goût des anciens.

Quoique destinés par la nature à vivre *unis*, on se persécute dans les temps de révolutions comme si l'on était *nés ennemis*.

Philippe montra partout un courage et une prudence supérieure à son âge.

Les *Bayard* et les *Duguesclin* ont été des modèles d'honneur et de vaillance.

Une foule de préjugés ne *cessent* d'obscurcir les lumières déjà si faibles de notre pauvre raison.

Combien peu il s'est fait de véritables *impromptus!* combien peu de véritables improvisations!

C'a été quelque chose de *cruel* que leur séparation.

EXERCICE 99e.

Quand vous aurez passé *quelque* dix-huit ans et demi comme moi loin des vôtres, peut-être ne vous plaindrez-vous plus de *quelques* courtes absences comme la dernière que vous avez faite.

La musique a toujours fait nos plus *chères* délices.

La guerre de *mil huit cent soixante-dix* laissera de bien tristes souvenirs en France.

Toutes bonnes, *tout* obligeantes qu'on nous dit, mesdames, que d'actes de bienfaisance nous aurions pu faire que nous n'avons pas faits !

Quelques grandes pertes que nous ayons essuyées, elles ne sont pas irréparables.

Avez-vous remarqué le plaisir que montrent les enfants à aller *nu-tête* et pieds *nus*, surtout quand il pleut ?

Nous étions quatre-*vingts*, eux deux *cents*, ils se sont vus contraints de céder.

Il n'y a pas de plus *ennuyeuses* gens que les petits quand ils font les beaux-esprits, et les grands quand ils manquent de franchise et de probité.

Les *lazaroni* vont *nu-pieds* et presque sans vêtements.

L'étude de l'histoire est la plus utile aux hommes, *quels que* soient leur âge et la carrière à laquelle ils se destinent.

Il faut que toi et tous ceux qui sont ici *fassiez* le même serment de mourir plutôt que de céder.

L'enfant apprend à sentir la pesanteur et la légèreté des corps en les *examinant* avec attention, les *palpant* et les *comparant* de toutes les manières.

Il est probable que notre globe a éprouvé autant de révolutions physiques que l'ambition en a *causé* de politiques parmi les peuples.

L'intérêt et la malignité suggèrent presque toutes les *arrière-pensées*.

Cette innombrable multitude d'hommes n'*avait* ni discipline ni chef capable de *la* commander. Aussi une poignée d'à peine trente mille Macédoniens l'eut-elle bientôt *anéantie*.

Les hommes *différant* tous d'opinions, comment y aurait-il accord dans une assemblée nombreuse ?

Que d'orateurs *divaguant* à la tribune devraient n'y monter jamais ?

EXERCICE 100ᵉ.

Il est permis à une personne de n'être pas *un* aigle, mais défendu de se montrer dépourvue de bon sens.

Vous savez mieux que moi, *quels que* soient nos efforts,
Que l'argent est la clé de tous les grands ressorts.

Quoique la noblesse de l'âne soit moins brillante, elle est *tout* aussi bonne, *tout* aussi ancienne que celle du cheval.

Tous les globes, *obéissant* aux éternelles lois de la gravitation, roulent d'un cours régulier dans les vastes champs de l'air.

Les mathématiques, qu'on n'a pas *voulu* que j'étudiasse, sont cependant bien utiles.

Les *serre-tête* sont des sortes de bonnets; les *tête-à-tête*, des entrevues où l'on n'est que deux; les *blanc-seings*, des signatures en blanc; et les *hôtels-Dieu*, des asiles où l'on est reçu pour l'amour de Dieu.

Soyons attentifs et prévenons les *erratas*, qui, ainsi que les *post-scriptum*, décèlent toujours quelque négligence.

On appelle orge *mondé* une orge qu'on a bien *nettoyée* et bien *préparée*, et orge *perlé*, de l'orge *réduite* en petits grains dépouillés de leur son.

Il est impossible de concevoir l'idée de propriété *naissant* d'autre chose que de celle de la main-d'œuvre.

Ils ne nous ont pas *vu* l'un et l'autre élever,
Moi pour vous obéir, et vous pour me braver.

Ceux qui ont beaucoup de valets sont comme les *mille-pieds*, et n'en courent pas plus vite.

Cent foudres d'airain étaient *braqués* sur les remparts.

C'est un instinct commun à tous les êtres *souffrants* que de chercher les lieux les plus sauvages et les plus déserts.

Vingt-deux dynasties se sont *succédé* dans l'empire chinois.

La plupart de ceux que vous avez *vus* mourir vous ont *laissés* étonnés de la promptitude de leur mort.

En possédant les cœurs, Baléazar possède plus de richesses que son père n'en avait *amassé*.

Nous n'étions pas entourés d'importuns laquais *épiant* nos discours, *critiquant* tout bas nos maintiens, *comptant* nos morceaux d'un œil avide, *s'amusant* à nous faire attendre à boire, et *murmurant* d'un trop long dîner.

EXERCICE 191e.

La nature s'est *plue* à doter la Grèce et l'Italie de dons à peu près semblables.

Mère désolée, l'aigle *privée* de ses aiglons remplit l'air de ses cris.

C'est une excellente personne, *excellant* surtout dans l'art si délicat de faire du bien sans en avoir l'air.

Après la bataille de Cannes, il fut interdit aux femmes *mêmes* de pleurer.

Il faut que ce *soit* la sagesse et la vertu, plutôt que la présence de Mentor, qui vous *inspirent* ce que vous devez faire.

La mort est aussi naturelle que la vie : l'une et l'autre nous *arrivent* sans que nous le sentions.

Nous sommes quelques jeunes gens qui nous *partageons* tout Paris.

Comme Caïus Gracchus était près de sortir pour se rendre au forum, sa femme *tout* en pleurs courut pour l'en empêcher.

Ni l'aveugle hasard, ni l'aveugle matière
N'ont pu créer mon âme, essence de lumière.

Il s'enferma pendant quelques jours, et ne voulut voir que moi, qui, me conformant à sa douleur, *paraissais* aussi affligé que lui.

Il y a des personnes *dormant* d'un sommeil si profond que la foudre même *tonnant* ne les réveillerait pas.

Vous avez fait de grandes fautes, mais elles vous ont *servi* à vous connaître.

Tout est grand dans le temple de la Faveur, *excepté* les portes, qui sont si basses, qu'on n'y peut entrer qu'en rampant.

J'avais beaucoup d'affaires ; quand je les ai eu *terminées*, je suis parti.

C'est partout une idée confuse chez les hommes que les dieux *sont* descendus autrefois sur la terre.

Les aigles *portées* par les Romains à la tête de leurs armées étaient *faites* d'argent ou d'or, et *plantées* au haut d'une pique.

Il faut rendre autant de cadeaux qu'on en a *reçu*. Dès lors, qu'est-ce que cette réciprocité de présents, sinon un gênant cérémonial ?

EXERCICE 102.

Ce fabricant est devenu très-riche, quoique ne *fabriquant* que des objets communs et en apparence peu lucratifs.

Le peu de prudence que vous aurez *mis* dans une affaire vous la fera manquer.

Les *premières* orgues qu'on ait *vues* en France, furent *apportées* par des envoyés de l'empereur Constantin Copronyme au roi Pépin.

Les délices du cœur sont plus *douces* mais moins *vives* que *celles* de l'esprit.

La nature, qui a donné la sagesse à l'homme, s'est *plu* aussi à instruire les animaux.

Les gens de mauvaise foi ont toujours été *regardés* comme de *mauvaises* gens.

Dites-moi *quelles* gens vous fréquentez, je vous dirai *quelles* gens vous êtes.

Quelles délices sans *pareilles* que de pouvoir faire le bonheur de quelqu'un !

L'office d'un gourmand et la bibliothèque d'un savant sont *spacieuses* et bien *munies* de tout ce qu'elles comportent.

L'orgue de Saint-Eustache vaut-*il* l'orgue célèbre qu'*il a remplacé ?*

Charlemagne a gouverné avec gloire une des plus vastes monarchies qu'il y ait *eu* depuis l'empire romain.

Celui qui a reçu des services doit s'en souvenir ; celui qui en a *rendu* doit les oublier.

Au moyen âge, les foudres de l'Église étaient *redoutées* autant que peuvent être *craints* les plus terribles foudres de guerre.

Il n'est pas permis à l'homme de quitter la vie sans la permission de celui de qui il l'a *reçue.*

Cette jeune fille est *une* enfant *douce* et *appliquée* ; et son frère n'est ni moins aimable ni moins studieux : leurs parents ne peuvent qu'être heureux d'avoir de tels enfants.

Nous tremblons à l'idée seule des révolutions, tant nous en avons *vu !*

Quoi que vous ayez fait pour l'ingrat, vous n'aurez jamais assez fait.

Les excès abrègent la vie et font mourir *plus tôt* que ne l'aurait fait la vieillesse.

EXERCICE 103e.

Tel enfin triomphant de sa digue *impuissante*,
Un fier torrent s'échappe, et l'onde *mugissante*
Traîne, en *précipitant* ses flots amoncelés,
Pâtre, étables, troupeaux, confusément roulés.

La vertu, aussi bien que la richesse, *sait* rendre les hommes heureux.

La valeur, l'intrépidité de Turenne *étonnait* les plus braves.

Les mendiants vont *nu-pieds* et les flatteurs *nu-tête*.

Une multitude de pillards *s'étaient répandus* dans les campagnes.

Nous nous défions de vos promesses, *tout* agréables, *toutes* séduisantes qu'elles sont.

Il met dans tout ce qu'il fait un soin et une grâce *touchante*.

Les personnes que j'ai *entendues* blâmer les autres, se sont *entendu* blâmer bientôt par tout le monde.

Une foule de badauds et de curieux *s'étaient arrêtés* devant ma porte.

Cette horloge sonne les heures, les *demies* et les quarts.

Quelques superbes distinctions qu'obtiennent les hommes, ils ont tous une même origine.

Elles se sont *ménagé* une entrevue où elles se sont *ménagées* mutuellement le plus qu'il leur a été possible.

De quel œil Dieu peut-il voir nos bras *fumant* de sang, nos plaines *regorgeant* de carnage?

Il faut que nous *payions* tôt ou tard le tribut à la nature.

On les voit sans cesse *allant* et *venant*, mais *agissant* peu et *s'agitant* dans le vide.

Vous serez responsables des fautes que vous aurez *laissé* faire, pouvant les empêcher.

Quels que soient les avantages de la paix, il ne faut pas l'acheter par la honte.

Personne n'avait *cru* que le torrent aurait *crû* d'une manière si inquiétante, et l'on se croyait *sûr* qu'il baisserait *plutôt* que de monter.

L'âge *mûr* ne pense plus sur la plupart des choses comme pense la jeunesse.

DICTÉES EN TEXTE SUIVI.

1. Troubadours et Trouvères.

Ces deux mots signifient trouveurs, auteurs, ce qui est précisément la signification attribuée dans le grec au mot poète. C'étaient en effet au moyen âge des espèces de poètes errants, allant de château en château la harpe en bandoulière et chantant leurs propres poésies, comme semblent l'avoir pratiqué, dès les temps mêmes d'Homère, les premiers poètes ou bardes qu'il y ait eu. Comme eux ils venaient raconter au châtelain et aux siens réunis autour du foyer dans l'immense grand'salle soit les prouesses accomplies par les guerriers, soit les aventures ouïes des pèlerins dans les pays éloignés; et, tout inépuisables qu'avaient dû être pour les poètes des anciens temps la guerre de Troie et les innombrables fictions de la mythologie, elles ne l'avaient pas été plus que pour les nôtres les croisades et les merveilleuses légendes qui s'en étaient suivies. Comme eux aussi sans doute, troubadours au midi et trouvères au nord, apportaient au châtelain quelque gaieté et quelque lumière dans la vie triste et sombre du manoir, où la hauteur des murailles non moins que celle du rang devait faire de tous ces malheureux des êtres inaccessibles à toute autre sensation que celles des cachots et de la solitude. Alors, quelle joie, surtout pour les enfants et aussi pour les femmes, privées de tout plaisir et condamnées à une vie si grave, quand tout à coup, à travers l'épaisseur des herses et des ponts-levis, on avait entendu résonner les cordes d'une harpe connue ou inconnue, ou bien les grelots bruyants d'un jongleur demandant l'entrée du château !

Il nous est resté des troubadours et des trouvères beaucoup d'ouvrages, les uns graves et épiques, les autres badins et légers; tous attestent la part que ces poètes ont eue dans les progrès qu'a faits notre langue, depuis que définitivement sortie des langes du latin et du tudesque, elle s'est franchement laissée aller dans la voie romane.

2. Masaniello.

Vers le milieu du dix-septième siècle, les Espagnols s'étaient emparés de presque toute l'Italie ; et, devenus maîtres de Naples, l'avaient accablée, comme le reste de la péninsule, d'impôts exorbitants et réellement intolérables. Toutes les denrées avaient été taxées, même les fruits, ce qui était regardé comme la tyrannie la plus criante, parce que, dans ce pays, les habitants ne vivent pour ainsi dire que de fruits. De sourds murmures avaient déjà éclaté plus d'une fois. « Ce n'est pas assez, disait-on, que nous soyons privés par la misère des mets recherchés, il faut que les aliments les plus grossiers soient tenus par l'impôt au-dessus de notre portée. Le peu qu'il nous en est laissé, seraient à peine dignes de servir de pâture à des bêtes. » Au point d'exaspération où étaient montées les têtes, une étincelle suffisait à tout embraser.

Un paysan avait apporté des figues au marché ; il refuse l'impôt. Une rixe s'étant élevée, les figues sont renversées, foulées aux pieds, mises au pillage, et les commis chassés de la place et maltraités. Tout à coup paraît Masaniello avec bon nombre d'autres pêcheurs ; main-forte est prêtée à la foule contre les commis, dont la plupart sont massacrés ; les Espagnols sont chassés du marché, et le vice-roi lui-même forcé de prendre la fuite. La ville était ivre de joie.

Masaniello se montra d'abord à la hauteur de la position qu'on lui avait faite, et il gouverna pendant quelques jours avec plus d'intelligence même qu'on n'avait dû s'y attendre. Mais tout à coup, comme si une démence subite se fût emparée de lui, on ne le vit plus faire aucun acte qui ne fût marqué au coin de la plus révoltante folie. Peut-être était-ce l'effet de quelque substance funeste qu'on lui avait versée, comme on l'a fait si souvent à ces tristes époques dans ces tristes pays. Quoi qu'il en soit, ses extravagances, ses cruautés devinrent subitement telles que ceux mêmes qui l'avaient élevé, furent obligés de se joindre aux Espagnols pour le renverser. Sa puissance avait duré huit jours.

3. L'Œuf de Christophe Colomb.

Les grands hommes se sont toujours vus en butte à l'envie, et il n'en est pas que son haleine impure ne soit parvenue à infecter. Dès qu'une gloire s'est montrée quelque part, les envieux accourent bourdonnant, s'attachant à elle et cherchant par où, quelque pure qu'elle soit, ils pourraient bien la souiller de leurs piqûres immondes, quels actes, si inattaquables soient-ils, pourraient bien être attaqués, quelles intentions faussées et viciées ; et il est bien rare qu'après quelques moments d'une inspection si bienveillante, une renommée, quelque belle qu'elle soit, s'en soit retirée intacte.

À table, un jour, des envieux cherchaient à déprécier la gloire qu'avait si bien méritée Christophe Colomb en découvrant l'Amérique. Les difficultés qu'il avait eues à surmonter, n'étaient rien selon eux ; ils ne tenaient compte ni des distances qu'il avait dû parcourir, ni des faibles moyens qu'il avait eus dans les mains ; et, comme s'ils se fussent crus intéressés à ce dénigrement, ceux de ces détracteurs qui, sans doute se croyaient les plus forts de la troupe, disaient triomphalement : La belle difficulté que de découvrir le Nouveau-Monde, puisqu'il existait !

— Eh bien ! quel est celui, dit Colomb, qui veut faire tenir cet œuf droit sur l'un de ses bouts, quel qu'il soit, du reste ? C'est impossible, répond celui qui avait trouvé si simple qu'on eût découvert l'Amérique. Vous vous trompez, monsieur ; j'ai pour cela, moi, une méthode infaillible, et je m'étonne qu'une intelligence comme la vôtre ne l'ait pas trouvée. La voici : et écrasant sur la table l'extrémité de l'œuf, il le fait tenir sans peine. La belle difficulté ! s'écrie l'autre de nouveau. — Oui, dit Colomb, encore a-t-il fallu que je l'aie trouvée.

4. Jane Grey.

Douce et innocente victime d'une ambition qui ne fut jamais la sienne, de quelle faute donc s'était-elle rendue coupable ? Par amour pour son mari, par déférence pour son beau-père, l'infortunée avait consenti à être proclamée reine. Hélas ! peut-être s'y était-il mêlé quelque joie, celle d'une enfant de dix-sept ans acceptant une couronne qu'elle eût partagée, ô bonheur ! avec son jeune époux qu'elle idolâtrait. Mais cette joie, trop pardonnable, si un seul instant elle l'a ressentie, combien cher, hélas ! elle l'a payée !

Vous rappelez-vous avoir vu cette jeune femme dans le tableau saisissant et plein d'angoisses où Paul Delaroche l'a représentée agenouillée devant le billot fatal, près d'avoir la tête tranchée? Tant de douceur! tant de résignation! tant de beauté!

Elle-même rapporte dans une lettre à sa sœur que, la veille de l'exécution, un ami, un vieillard vénérable, lui avait apporté du poison « cette aide offerte aux âmes fortes contre la rage des tyrans ». Il se mit à genoux devant moi, écrit la suave et naïve enfant; sa tête blanchie était inclinée sur sa poitrine; et couvrant ses yeux de l'une de ses mains, de l'autre il me tendait le poison, ressource funeste qu'il m'avait préparée. La religion, lui dis-je, me défend de me soustraire à l'infortune qui m'est destinée. Les anciens tenaient leurs âmes élevées par la contemplation de leurs propres forces; moi, je ne suis que faiblesse si je ne me sens soutenue jusqu'à la fin par le regard de Dieu.

Et elle refusa.

5. Le Juif errant.

Riche de tant de biens, quel besoin d'or peux-tu avoir encore? Ces trésors que tu as amassés avec tant de peines, conservés avec tant de soins, ménagés avec tant d'avarice, à quoi t'ont-ils servi jusqu'ici, puisque tu en as vu la plus grande partie condamnée à te rester constamment inutile? Quelle que soit ta faim, en effet, ou ta soif, ou ton désir quelconque d'autre chose, il ne faut à tes besoins ni tant de nourriture, ni tant de boisson, ni tant de quoi que ce soit; et il ne peut t'être donné à toi seul d'engloutir à la fois tant de choses.

Parmi les contes que j'ai entendu faire étant tout petit, je m'en suis rappelé un bien sensé sous plus d'un rapport, s'il est ridicule sous d'autres. C'est le Juif errant. N'est-ce pas là le vrai type du bon et véritable riche, bien autrement digne d'envie que le plus envié des Crésus? De bonne foi, en effet, excepté plus de célérité mise au service de ce dernier, à qui la préférence est-elle due quant à la richesse réelle? Le Juif errant ne manque de rien, et Crésus a tout en abondance. La seule différence que j'y voie, est celle-ci : le premier mange son bien en détail, l'autre peut avaler le sien en bloc. Le Juif errant ne pourrait abuser du sien, le voulût-il, si sagement la dose journalière lui en a été mesurée; et j'ai bien peur que Crésus, quelque sage qu'il soit, ne finisse par une indigestion du sien, tellement la chose semble attrayante, à voir combien

de fois déjà elle s'est renouvelée ; à moins toutefois qu'il ne
mange de foin, comme l'âne de Buridan.

— Ane, c'est vrai ; mais ne l'eût-il pas été pareillement si la
pauvre bête se fût étouffée en s'ingurgitant les deux picotins,
comme sans doute le lui conseillait sa gourmandise ? Vous
voyez donc bien que, mon Juif Errant et ses pareils exceptés, il
n'y a plus en fait de riches que... des ânes.

6. **Bonivard**.

Bonivard avait voulu affranchir Genève, sa patrie, cour-
bée sous le joug des ducs de Savoie ; et tous les efforts hu-
mainement possibles, il les avait tentés. Depuis longtemps
le plan était arrêté, les armes prêtes, l'attaque fixée ; et les
braves Genevois attendaient le signal, déterminés à mourir.
Malheur ! leur brave chef tombe traîtreusement aux mains
des ennemis. Il est chargé de chaînes et renfermé dans la
forteresse de Chillon sur le lac. C'en est fait, Genève est
encore une fois trahie par la fortune. A quand maintenant de
nouvelles espérances ?

Bonivard est attaché par sa chaîne à un pilier, et c'est
par cette chaîne, la largeur de son cachot, que lui est mesurée sa liberté. Il tourne sur sa trace dans ce cercle fatal,
inexorable. La pierre usée par cette marche incessante s'est
creusée peu à peu en un sillon où ses pieds auront bientôt
disparu. Se peut-il une existence pareille ? Et son crime, c'est
d'avoir voulu, c'est d'avoir préféré à tout la liberté de son
pays. Mais jamais, quelque atroces que fussent de telles douleurs, ses geôliers n'eurent la joie de l'entendre proférer une
seule plainte. Seulement, la nuit, quand les eaux du lac étaient
soulevées par la tempête, sûr que ses douleurs ne pouvaient être entendues, il jetait aux voûtes du cachot ses
grincements et ses cris. Le lendemain, ses traits étaient re-
devenus calmes, et par une insensibilité apparente il insultait
à ses bourreaux. Et pendant six ans, il attendit ainsi le jour,
béni celui-là, où s'étant enfin brisées les portes de sa prison,
mille voix lui crièrent : Tu es libre, Bonivard ! — Et Genève ?
s'écria-t-il. — Libre aussi !

7. **Les Templiers**.

Philippe IV n'avait pu pardonner aux Templiers une protection, cependant bien opportune, qu'ils lui avaient un jour accordée dans une émeute où, poursuivi par les Parisiens, il avait failli tomber entre leurs mains. Mais une chose qu'il leur avait encore moins pardonnée, c'étaient leurs richesses, que l'on disait immenses et qu'il soupçonnait plus grandes encore qu'elles n'étaient dites. Ce roi, qu'on a surnommé le Faux-Monnayeur, ne pouvait guère, avec les besoins d'argent dont il était sans cesse tourmenté, laisser aux Templiers de tels trésors quand il savait où ils les tenaient renfermés. Il les leur eût bien volontiers et sans scrupule extorqués, mais quelle cause en eût-il donnée? Cause de vol, cause de guerre, pas plus l'une que l'autre n'était capable d'arrêter Philippe.

Je vous ferai pape, dit-il au futur Clément V, pourvu que, entre autres conditions, me soit accordée pour le moment où je l'aurai fixée, la destruction de l'ordre des Templiers. Et ce fut chose convenue; désormais ce ne fut plus qu'une question d'opportunité et de temps. Mais tout fut traîné et ourdi avec soin de sorte que, lorsque l'heure eut sonné, les malheureux se virent tout d'un coup arrêtés, mis à la torture, condamnés et la plupart brûlés. Ce ne fut qu'en France toutefois qu'il y eut des supplices. Ailleurs leurs maisons furent seulement supprimées.

Jacques Molay, grand maître de l'ordre, ne fut exécuté que six ans plus tard; et il paraît qu'on ne l'eût condamné qu'à une prison perpétuelle s'il eût consenti à ne point rétracter des aveux que lui avait arrachés la torture. On prétend que sur le bûcher il cita le pape à comparaître devant Dieu dans quatre mois, et le roi dans l'année.

8. La Gloire.

Que de déceptions la gloire n'a-t-elle pas amenées après elle? Que d'illusions son décevant mirage n'a-t-il pas produites, depuis que pour la première fois cette fée de nos rêves a fait miroiter aux yeux des hommes ses trompeuses couleurs? Ce guerrier que vous voyez, s'était flatté qu'il soumettrait le monde, et que les cent bouches de la Renommée se seraient fatiguées à célébrer ses hauts faits, plus tôt que lui à nous étonner par des exploits nouveaux. Vanité! Ses lauriers n'étaient pas moissonnés encore, et les voilà flétris.

Ce poète avait fait à sa mémoire un échafaudage superbe. Les autres n'étaient rien, c'était lui qui allait donner la souveraine essence dans les mots et dans les choses. À lui l'imagination, à lui le génie ! L'œuvre qu'il méditait serait acclamée par les contemporains et admirée par la postérité tout entière. Vanité ! Le prodige qu'il promettait, a avorté, le chef-d'œuvre est réduit à se tenir dans l'ombre.

Cet inventeur avait fait une découverte qui devait renouveler le monde. C'était la Providence elle-même qui s'était chargée de révéler à la terre un pareil secret. Et que de trésors s'en allaient couler désormais de cette source féconde ! Tous les noms seraient effacés par son nom, toutes les gloires éclipsées par la sienne. Vanité ! L'invention est devenue honteuse, le flambeau n'ose plus se montrer.

Et ainsi des autres, même quand les titres sont légitimes, et que les services rendus sont authentiques et incontestés. Consolez-vous donc, vous qui vous étiez passionnés pour la gloire, et que la gloire a indignement déçus. N'étant que chimère, elle ne vous a pas privés de beaucoup en vous privant de ses faveurs.

9. **Othon le Grand** (936-973).

C'est comme roi de Germanie que celui-là a commencé à régner. L'unique ou à peu près unique gloire qu'il ait eue, et que du reste il semble s'être proposée, ç'a été d'avoir pour ainsi dire calqué sa conduite sur celle de Charlemagne, qu'il s'est attaché à suivre comme à la trace, sans s'en être presque jamais écarté. L'Allemagne était alors, comme l'Europe presque entière, livrée à tous les désordres du système féodal, c'est-à-dire, à une complète anarchie, si ce n'est toutefois que Henri Ier, surnommé l'Oiseleur, avait quelque peu réprimé les empiétements croissants des grands feudataires. Mais la tâche qu'il avait léguée à son fils Othon était rude encore. Celui-ci commença par concentrer dans sa maison un grand nombre de fiefs qu'il avait trouvés vacants ; et par tous les moyens, quels qu'ils pussent être, qu'il savait avoir réussi à Charlemagne, s'efforça d'attirer à lui le pouvoir.

Un peu tranquille de ce côté et de celui des Hongrois, qu'il avait vaincus à Augsbourg dans une grande bataille, il se mit contre les Polonais, les Bohêmes et les Danois à pratiquer le système de conquête par christianisation qu'avait suivi Charlemagne contre les Saxons, les convertissant par la guerre, n'accordant la paix à un ennemi qu'en échange du baptême, et établissant partout sur ses pas dans les régions récemment subjuguées des multitudes d'archevêques, d'évêques et d'abbés, chargés de les maintenir dans la soumission. C'est ainsi que la religion chrétienne fut établie dans ces contrées.

Othon songea aussi, toujours copiant le modèle qu'il s'était donné, à rétablir au profit de l'Allemagne l'empire d'Occident. L'Italie y était dès longtemps préparée par les discordes et les crimes des usurpateurs, assassins et autres qui s'y étaient jusqu'alors disputé le pouvoir. Ces déchirements, ces calamités furent tournés par lui en instruments d'ambition. Il se présenta comme un sauveur aux Italiens, qui l'acclamèrent pensant se délivrer de tant de maîtres, et ne s'en donner qu'un seul, dont l'éloignement et l'absence rendraient le joug plus léger. Et la domination allemande se trouva ainsi fondée en Italie.

10. **Alfred le Grand** (871-901).

Celui-ci appartient à l'Angleterre. Ç'a été un des plus grands rois qu'elle ait eus, et à une des époques les plus désastreuses qu'ait vues cette contrée, au plus fort des incursions danoises, par lesquelles se trouvaient envahis déjà tout entiers l'est et le nord du royaume. Quelque pressants que fussent de pareils dangers, mal secondé par ses sujets, il ne rencontrait qu'indifférence où des prodiges d'activité auraient à peine suffi. Et la détresse et l'abandon étaient tels qu'après les avoir vainement appelés aux armes, il se vit forcé de se cacher sous un déguisement dans la chaumière d'un pâtre, où il resta plusieurs mois malgré les occupations grossières qui lui étaient imposées, et les traitements assez durs dont sa maladresse était quelquefois punie. Sa retraite n'était connue que d'un petit nombre d'amis sûrs, qui s'étaient donné quelques mouvements en son absence, et avaient levé quelques troupes.

Lorsque l'occasion eut été jugée opportune, il sortit de son asile; mais avant qu'une bataille fût risquée, il voulut connaître à fond quelle était la position des ennemis; et pour cela pénétra déguisé en joueur de harpe dans leur camp même, où après les avoir amusés et vaincus par ses chants, il les quitta muni de tous les renseignements qu'il avait désirés, pour les vaincre par les armes. La victoire fut complète, et pendant tout le reste de son règne, l'Angleterre ne se vit plus inquiétée par les Danois.

Alfred s'occupa alors de réparer les pertes que le pays avait essuyées, et de rétablir les affaires bouleversées par tant d'années de désordre. C'est à lui qu'on attribue l'organisation administrative en comtés et cantons qui a si longtemps prévalu en Angleterre, et qui est restée la base de toutes celles qui s'y sont succédé depuis. Il s'appliqua surtout à ce que la justice fût sûrement et impartialement rendue ; voulut que l'instruction fût répandue parmi le peuple, et fonda des écoles en grand nombre. Enfin, pour prévenir le retour des malheurs qu'avaient causés les invasions danoises, un grand nombre de forteresses furent élevées sur les côtes, et des flottes plus nombreuses tenues prêtes contre les barbares.

11. Mahomet (570-632).

C'est l'Arabie qui l'a vu naître, et c'est bien un des hommes les plus extraordinaires qui aient existé, sous quelques points de vue qu'on l'examine. En effet, soit que nous l'étudiions dans sa personne même, son génie et ses doctrines ; soit que nous considérions l'influence si immédiate, si absolue, qu'il a exercée non-seulement sur son pays, jusqu'alors obscur, mais sur la terre tout entière, par les changements opérés dans les mœurs, les religions et les empires, par les invasions, les ravages, enfin les bouleversements de toutes sortes commencés par lui et accomplis par les propagateurs de ses croyances, nous sommes forcés de convenir qu'il n'y a pas eu de conquérants, ni de législateurs, ni d'apôtres, quels qu'ils aient été, dont la vie ait pesé d'un tel poids sur les destinées humaines.

Son enfance, restée sans protecteurs à six ans, fut confiée à la tutelle de son oncle ; et plus tard, sans biens d'aucune sorte, il trouva dans l'infime profession de chamelier, qu'il avait courageusement embrassée, les ressources que lui avait refusées la fortune. Il était plein de qualités aimables, et sa valeur avait brillé dans une guerre de tribus ; mais sa probité surtout était estimée de chacun ; elle le fit remarquer d'une riche veuve dont il avait géré les biens et qui l'épousa par reconnaissance. Tel fut le point de départ de son apostolat.

Les commencements n'en furent pas heureux. La nouvelle religion se vit repoussée, poursuivie, et ses partisans chassés de la Mecque. Les uns s'enfuirent dans l'Abyssinie, les autres, et avec eux Mahomet lui-même dans la ville d'Yatreb, appelée depuis Médine (622). C'est l'hégire, ou fuite, devenue l'ère des musulmans. Mais ces malheurs et d'autres qui avaient suivi furent bientôt réparés. Huit ans après, la Mecque était soumise et la plus grande partie de l'Arabie gagnée à la foi nouvelle.

Les dogmes du mahométisme sont empruntés à la religion chrétienne, à la religion juive, et au paganisme, avec grand renfort d'ablutions, de prières et de jeûnes, et interdiction absolue de porc et de vin.

12. Clovis (481-511).

Il était fils de Childéric, qui ne paraît pas avoir eu d'autre gloire que de lui avoir donné la naissance. Par lui les invasions franques, qui n'avaient présenté jusque-là rien de stable, ont changé de caractère et sont devenues une prise de possession définitive. Et admirez l'habileté, non moins que l'audace, suivie dans tout ce plan de conquête. L'entreprise qu'il s'était proposé d'exécuter, c'était l'envahissement d'une contrée occupée alors par quatre nations différentes. Au nord étaient placés les peuplades franques, dont lui-même faisait partie ; à l'est se trouvaient établis les Bourguignons, ayant pour roi Gondebaud ; au sud, dominant sur toute l'Aquitaine jusqu'à la Loire, les Wisigoths avec leur roi Alaric ; à l'ouest, les Armoricains venus là chassés de la Grande-Bretagne ; et au centre, Syagrius avec un reste de puissance que les Romains y avaient conservée.

C'est sur Syagrius que furent d'abord dirigés ses efforts ; et par la victoire de Soissons (481) lui furent assurées la soumission de l'Armorique, qui avait été spontanée, et la tranquille possession de la Gaule jusqu'à la Loire. Il songea ensuite, en épousant Clotilde, nièce de Gondebaud, à se créer des droits sur la Bourgogne, qu'il se fut bientôt rendue alliée et tributaire, en attendant une conquête qui ne fut, du reste, réalisée que sous le règne de ses fils. Et enfin, par une politique qu'on n'eût pas attendue d'un barbare, réfléchissant que la Gaule tout entière était chrétienne catholique et quel intérêt il avait à ce que sa nation le fût pareillement, il l'y encouragea et lui en donna lui-même l'exemple. Quelques-uns ont prétendu que c'était en reconnaissance d'une victoire qu'il avait remportée à Tolbiac sur les Alamans

(496), et qu'il croyait due au dieu des chrétiens. C'était simplement pour se préparer les voies à la conquête du pays des
Wisigoths. Au nom de la religion, il se fit appeler par les
évêques du midi, opprimés, disaient-ils, par les Wisigoths, qui
étaient ariens. A la bataille de Vouillé (507), Alaric lui laissa
avec la vie toute la partie de la Gaule renfermée entre le
Rhône, les Pyrénées et l'Océan.

Quant à se défaire de ses rivaux du nord, qui la plupart
étaient ses parents, il les assassina ou par lui-même ou les
uns par les autres; et de toutes ces abominations, il se créa
une souveraineté bien arrondie, composée, pour le moment,
de la plus grande partie de la Gaule, et en perspective, de la
Gaule tout entière. Il mourut en 511.

13. Le Malade imaginaire.

Le pacha Bohao avait une manie, la plus drôle certainement qu'on eût encore vue. C'était de se croire une mouche perchée sur le nez. Des amis (comme si les pachas en
avaient jamais eu) avaient essayé, les uns riant, les autres
maugréant, de lui prouver que son nez ne portait pas plus de
mouche que le leur; et les plaisanteries n'avaient pas manqué
au moins en cachette. D'autres avaient entrepris de lui démontrer par $a + b$ qu'une telle proposition n'avait pas le sens
commun. Mais les plaisanteries ni la raison n'y avaient rien
fait, et il y avait plusieurs mois déjà que le malheureux
se croyait atteint de cette bizarre maladie, sans le moindre
espoir que l'insecte maudit daignât consentir enfin à quitter
la place.

Il se trouva qu'un médecin français, à ce que l'on dit,
voyageait dans ce singulier pays. Ayant entendu parler de
l'homme à l'insecte, et soupçonnant plus qu'à moitié son affaire, il alla le voir. Et en l'abordant : Ah ! Monseigneur, s'é-
cria-t-il, qu'est-ce que Votre Éminence a là sur le nez ? Par
Allah, quelle mouche ! et que Votre Seigneurie serait heureuse, n'est-il pas vrai, si elle s'en voyait délivrée ? — Soyez
sûr, dit Bohao, que je ne serai pas ingrat ; mais quand aura-
t-elle enfin déguerpi ? Dès demain, répondit le médecin, l'extraction en sera faite devant toute la cour. Je ne demande
qu'une chose, c'est qu'en attendant, Votre Altesse Sérénis-
sime veuille se préparer à cette solennelle opération en pre-

nant quelques médicaments que j'ai préparés. Et il se retira, laissant sur la table quelques fioles et paquets étiquetés soigneusement.

Lorsqu'il fut revenu le lendemain à l'heure indiquée, il exhiba avec un grand appareil ses instruments de chirurgie, et dissimulant adroitement une mouche morte qu'il avait apportée, il fit prestement le geste d'arracher quelque chose, et montrant la mouche : La voilà! s'écria-t-il. Le pacha était guéri.

Voulez-vous guérir avec le même bonheur un Bohao quelconque, feignez d'abord d'entrer dans sa manie.

14. Guzman le Brave.

Guzman est un de ces braves qui n'ont jamais tremblé. Quel que soit le danger, il l'affronte ; sous quelque aspect qu'il se montre, il le brave. Fût-ce la mort, fussent mille morts, toutes il les méprise. Mais ne lui demandez pas une action qui puisse être réprouvée par sa conscience. L'honneur de Guzman, c'est le plus pur joyau : le moindre souffle le ternit, la moindre tache le souille.

Il s'était distingué sous le règne d'Alphonse X par les services éclatants qu'il lui avait rendus contre les Maures. Il n'en rendit pas de moins signalés à son fils Sanche IV, pour lequel il fit la conquête, alors très-importante, de Tarifa. Et comme si le bras qui s'en était emparé, était le seul capable désormais de la défendre, ce fut à lui que le roi en donna le commandement. Cependant les Maures ne s'étaient pas résignés à la perte d'une telle place. Ils reparurent sous ses murailles. A leur air, à leur nombre, on jugea que la victoire serait disputée.

Ils avaient amené avec eux don Juan, le fils même du roi Sanche, et le tout jeune fils de Guzman que l'on savait leur prisonnier. Quelle trahison s'était donc ourdie ? L'affreuse trame fut bientôt dévoilée.

« Tarifa va être remise entre mes mains », s'écrie don Juan, « ou le fils de Guzman va périr ». Et l'enfant était là sur le glacis, et le couteau prêt à lui percer le sein.

« Don Juan, as-tu apostasié ta foi en compagnie des Maures ? » répond Guzman. « Moi j'ai gardé la mienne. Je ne violerai pas mon serment. »

— « Ton fils va mourir. »

« Meurs, mon fils, meurs, ô martyr ; à toi le ciel, et l'enfer à ce renégat. Je ne violerai pas mon serment. »

La victime avait péri, le martyre était consommé. Mais Guzman avait rempli son devoir.

15. Arnold de Winkelried.

L'archiduc d'Autriche Léopold avait envahi la Suisse avec une puissante armée, et cette fois il ne doutait pas qu'il ne vînt à bout de l'asservir. Les Suisses étaient en très-petit nombre et très-mal armés. Les soldats de Léopold au contraire, nombreux et tout couverts de fer, formaient une sorte de phalange serrée, dont les larges boucliers et les longues javelines, prolongées en dehors depuis le quatrième rang, rendaient le front meurtrier et impénétrable. Immobiles à leur rang, les Autrichiens avaient reçu sur la pointe de leurs lances les premiers efforts des assaillants, dont l'impétuosité était venue échouer à plusieurs reprises contre ce rempart hérissé de piques. Déjà la terrible phalange s'ébranlant avec un bruit formidable, menaçait d'envelopper les républicains.

Alors un d'eux, Arnold de Vinkelried s'écrie : Un chemin va vous être frayé, je vous recommande ma femme et mes enfants. Plus prompt que l'éclair, il court à l'ennemi, embrasse de toutes ses forces et enfonce contre sa poitrine le plus de lances autrichiennes qu'il en a pu saisir, entraîne en tombant avec elles ceux qui les portaient, et pratique ainsi un passage où pénètrent les Suisses.

Les ennemis, vaincus par l'étonnement avant de l'être par le fer, se culbutent eux-mêmes ; ils tombent sans résistance, la plupart étouffés sous le poids de leurs lourdes armures. L'armée autrichienne est détruite, et Léopold lui-même est au nombre des morts. C'est ainsi qu'une fois encore, comme tant de fois déjà, cette brave Helvétie se vit arrachée par le dévouement d'un de ses fils au péril dont sa liberté était menacée.

16. Guillaume Tell.

On a conservé avec une admiration mêlée de terreur le souvenir des hommes qui ont pesé sur le monde par leurs guerres et leurs conquêtes ; mais avec quelle vénération pieuse on a gardé les noms de ceux qui se sont signalés par des actions vraiment méritoires, et n'ont reculé devant aucun acte de dévouement pour le salut de la patrie ! Ce n'a pas été assez pour ces noms-là qu'ils fussent bénis, acclamés et glorifiés partout et par tous ; l'histoire n'a plus été jugée suffisante ; il leur a fallu une sorte de mausolée dans la mémoire ou plutôt dans le cœur des hommes, avec le récit de leurs actes au milieu de fictions poétiques et touchantes. Comme chez les anciens païens, quand l'histoire n'avait pas suffi à rendre célèbre à leur gré le héros qu'ils aimaient, la mythologie le prenait et en faisait un mythe, un demi-dieu ; de même chez nous, au moyen âge, c'était par la légende qu'était remplacée l'histoire, et le grand homme était à jamais sûr de l'immortalité, non pas dans de froides annales, mais dans des narrations vivantes, éternellement racontées.

Ainsi en a-t-il été de Guillaume Tell. Quelle action si mémorable l'histoire lui a-t-elle prêtée ? d'avoir conspiré lui douzième pour la liberté des trois cantons. Et la légende ? d'en avoir été l'âme, l'acteur et le héros. Ou plutôt, Tell, c'est l'Helvétie elle-même, c'est la patrie attaquée dans son honneur et qui le venge, menacée dans ses enfants et qui les sauve, opprimée dans sa liberté et qui la reconquiert. Car Tell a-t-il jamais plié le front ou le genou sous une honte ? Car s'est-elle jamais égarée de son but la flèche de Tell, la flèche de nos montagnes ? Oui, soyons tranquilles sur nous, sur lui, sur nos enfants ; et toi, Gessler, mène-le enchaîné dans celle de tes forteresses que tu auras crue la plus sûre, au milieu des eaux, derrière des tours bien hautes et bien fortes ; il se rit de ta rage : créneaux menaçants, flots mugissants, murailles inaccessibles, rien n'y fera ; le voilà échappé de tes mains, il est libre, la Suisse est sauvée.

17. Nostradamus.

De tout temps notre curiosité d'avenir non-seulement a disposé les autres à nous tromper, mais encore nous a toujours trouvés prêts nous-mêmes à nous laisser induire en erreur. Au lieu de nous tenir renfermés dans les sages conjectures autorisées par la raison, nous voulons toujours nous lancer de plein saut dans les secrets mêmes de la Providence. Dès lors nous voilà envahis par les prophètes ; et quand ils se sont bien ris, bien joués de nous, quand leur fourbe ou leur sottise devrait nous être plus qu'évidemment démontrée, ils nous ont ment faits leurs dupes, qu'il n'y en a pas un que nous ne croyions encore infaillible, et que nous ne soyons prêts à consulter comme auparavant.

Nostradamus fut un de ces sorciers, et dans le bon temps, au seizième siècle. C'est probablement le père de Mathieu Laensberg et autres qui sont venus plus tard et qui ont encore de si nombreux croyants. Médecin, il s'était fait une grande renommée dans tout le midi de la France par de nombreuses guérisons dues à ses remèdes secrets ; prophète, il s'en fit une plus grande encore par ses centuries, comme il les a appelées, de prédictions astrologiques, composées en quatrains inintelligibles pour quiconque n'est pas obstiné à y trouver un sens. Mais c'est par ses pronostics sur la température que cette science occulte s'est le plus vulgarisée, et est surtout devenue dangereuse par les préjugés qu'elle a répandus en agriculture.

Je parlais tout à l'heure de l'obscurité de langage de ce prophète-là : c'est un défaut ou plutôt une ruse que tous ont toujours eue à se reprocher. Pourquoi donc n'y ont-ils dérogé jamais? C'est, je pense, un secret d'auteur. Mais les adeptes, eux, pourquoi se sont-ils toujours faits leurs complices en fermant volontairement les yeux, ou plutôt en voyant où il n'y a rien à voir? Les adeptes? pour eux la parole d'un prophète a besoin non d'être comprise mais crue. Cela leur a toujours suffi, et peut-être n'eussent-ils jamais cru s'ils avaient compris.

18. **Laurent de Médicis.**

Laurent de Médicis était d'une famille de Florence, qui était prodigieusement enrichie par le commerce, au point que Cosme, son aïeul, avait pu dans une famine nourrir la ville de Florence tout entière, et que, malgré l'opposition, tantôt sourde, tantôt ouverte, que n'avaient cessé de lui faire d'autres familles puissantes, il y avait vu jusqu'à la fin son autorité reconnue, au grand avantage de l'ordre, de l'industrie et des arts.

La haine, réduite à se taire, étouffait de rage ; et ce n'était pas seulement à Florence, mais au dehors que, jusqu'au pape lui-même, on s'attaquait aux Médicis, ne pouvant leur pardonner leurs munificences, tout éclairées et toutes louables qu'elles étaient, précisément à cause de l'état de supériorité constante où elles les avaient maintenus.

A la mort de Cosme, l'opposition s'était réveillée, et Pierre son fils l'avait de nouveau comprimée. Mais ses deux fils Laurent et Julien lui ayant succédé, d'un côté, à la demande du pape, une ligue redoutable se forma contre Florence, et de l'autre les Pazzi et les Salviati ne complotèrent rien moins que d'égorger les deux frères pendant la messe au moment de l'élévation. Laurent seul échappa, et fit punir les assassins, entre autres l'évêque Salviati, qui fut pendu en habits sacerdotaux. De là une excommunication et une nouvelle guerre avec le pape; mais elle dut être suspendue à peine commencée, pour qu'elle pût être tournée contre les Turcs par qui la ville d'Otrante venait d'être saccagée.

Ces soins et ces inquiétudes éloignés, Laurent put se livrer tout entier à sa passion pour les arts et les sciences. Il mérita son surnom de Magnifique et de Père des Muses, accueillit les Grecs chassés de Constantinople, encouragea les poètes, les littérateurs et les artistes dans tous les genres; les Politien, les Pogge, les Michel-Ange et beaucoup d'autres. En sorte que c'est par les Médicis que la Renaissance a commencé en Italie, comme en France par François Ier.

19. **Bayard**.

Ç'a été non pas seulement un des plus braves qui aient vécu à cette époque, déjà moins féconde en chevaliers proprement dits, mais le plus véritablement brave qui se soit vu à une époque, quelle qu'elle soit, de la chevalerie. Surtout il s'en est montré le plus honnête et le plus honorable, et a mérité le plus beau des titres qui jamais aient été décernés à un chevalier français, celui de Sans peur et sans reproche. Habile dans l'art si terrible de l'escrime, il ne sortit jamais d'un combat singulier que la victoire ne lui fût restée, quelles que fussent la bravoure et l'adresse de son adversaire. Souvent porta l'intrépidité jusqu'à l'héroïsme, par exemple, lorsque, nouvel Horatius Coclès, s'étant jeté seul sur un pont du Garigliano, il arrêta une armée tout entière.

Que dire de son courage à Mézières lorsque s'étant renfermé avec deux mille hommes seulement dans cette place à moitié démantelée, contre trente-cinq mille hommes commandés par Charles-Quint en personne, il le força à lever le siége ? Mais c'est au sac de Brescia principalement qu'ont brillé toutes les qualités du bon et excellent chevalier. Blessé dangereusement et transporté chez une dame de la ville, il l'avait préservée ainsi que ses deux filles de toutes les horreurs d'une ville prise d'assaut et les avait protégées jusqu'à la fin, quelque danger qu'il y eût pour lui-même à arrêter la fureur des soldats ; comme la dame reconnaissante voulait qu'il acceptât une très-grosse somme en s'excusant de ne pouvoir l'offrir plus forte, après bien des refus, le chevalier feignit de consentir, et ayant fait deux parts de la somme, il en donna une à chacune des demoiselles en les priant d'accepter ce présent comme son cadeau de noce le jour de leur mariage.

Il mourut comme il avait vécu, dans les sentiments d'une piété simple et d'un véritable patriotisme, reprochant sa trahison au connétable de Bourbon, qui le plaignait le voyant près de mourir. Ce n'est pas moi, lui dit-il, qui suis à plaindre, mais vous qui avez trahi votre patrie et vos serments.

20. L'abbé Suger.

Le fameux Suger, abbé de Saint-Denis, avait été recueilli enfant vers mil quatre-vingt-trois par les moines de Saint-Denis et élevé dans l'abbaye, où il avait eu pour condisciple le prince qui fut plus tard Louis VI. C'est un des nombreux exemples offerts à la jeunesse de ce que peut le travail sur la destinée des hommes, quelle que soit l'obscurité de la naissance. Devenu en onze cent vingt-deux abbé de Saint-Denis, il se vit bientôt porté à une place encore plus élevée, et que certes sa modestie n'avait pas ambitionnée, celle de ministre de Louis VI, et, après lui, de Louis VII.

Il justifia cette haute confiance par une administration des plus sages qui se soient vues, et dont la mémoire, loin de s'être affaiblie, est sortie plus vivante encore des malheurs de la seconde croisade, entreprise malgré lui par Louis VII. Mais sous Louis VI, il avait établi d'utiles réformes, en vain réclamées sous le règne peu moral de Philippe Ier, et secondé de tous ses efforts la révolution des communes, qui venait de commencer. Les maux de la croisade, qu'il n'avait pu empêcher, il s'était, en l'absence du roi, efforcé du moins de les affaiblir et de les réparer. Et telle était l'unanime approbation de la nation tout entière, telle fut la satisfaction du roi lui-même à son retour, qu'il lui donna publiquement le titre de Père de la patrie.

Avec le même sentiment du véritable intérêt de la France qu'il avait essayé de dissuader Louis VII de sa croisade, il tenta de le dissuader aussi de la malheureuse résolution qu'il avait formée de répudier Éléonore d'Aquitaine. Ce fut avec le même insuccès. Et l'on sait quelles calamités en sont résultées longtemps pour la France.

21. Roger Bacon.

C'était un moine anglais d'une prodigieuse science, je ne dis pas vu l'époque où il vivait, car je ne pense pas qu'il y ait eu d'époque, quelque érudite qu'elle ait pu être, qui ne se fût trouvée honorée de compter parmi les siens un savant de cet ordre. Et mal lui prit, au pauvre franciscain, que la nature fouillée, interrogée et scrutée en tous sens se fût dévoilée à lui dans quelques-uns de ses secrets ; car sa science, obtenue à force de travail, fut traitée de magie, et lui-même emprisonné comme sorcier par un pape, Innocent III, qui certes ne l'était pas, lui, non plus que ses conseillers, et qui par ce seul acte les a justifiés et lui aussi devant la postérité de tout reproche d'accointance avec un diable intelligent quel qu'il puisse être, surtout avec celui du travail ; car ce qu'ils ont accusé Bacon de n'avoir su que par l'entremise du démon, ils se seraient aperçus qu'on pouvait le savoir comme lui par l'étude s'ils eussent comme lui étudié. La liberté ne lui fut rendue que sous Clément IV pour lui être enlevée quelque douze ans après, à la demande formelle du général de son ordre, qui, lui non plus, ne paraît pas avoir eu l'intelligence trop entachée de sorcellerie.

Les sciences naturelles ont dû à ce pionnier infatigable de l'étude beaucoup des incontestables progrès qu'elles ont faits au moyen âge, malgré de non moins incontestables erreurs, telles que l'alchimie et l'astrologie. On lui a attribué l'invention de la poudre à canon, attribuée aussi aux Chinois, et avec plus de vraisemblance par une sublime fiction de l'admirable Milton, au diable lui-même dans la bataille des mauvais anges contre les bons.

22. Les Normands.

Quelque peu de connaissances qu'on ait reçues en histoire, il ne se peut guère qu'on n'ait pas retenu ce nom de Normands ou hommes du Nord parmi d'autres qu'on a lus ou entendu prononcer. C'est celui d'une nation barbare qui, à partir des dernières années de Charlemagne, s'est rendue quatre-vingts ans durant la terreur de la France entière par les ravages qu'elle y a exercés. Déjà le reste de l'Europe en avait eu sa part. Dès le milieu du neuvième siècle ces hardis aventuriers avaient pénétré en Russie même, ainsi qu'aux îles Fœroé et en Islande. Plus tard ils conquerront la Sicile et l'Italie méridionale ; et, avant même Christophe Colomb, Éric, un de leurs chefs, foulera la terre d'Amérique en abordant au Groënland.

Partis des côtes ardues et stériles de la Scandinavie, sur de frêles barques à deux voiles, ils s'abandonnaient aux flots par nombreuses flottilles, quelle que fût l'imminence du danger, et arrivaient portés souvent par la tempête même à l'embouchure de quelque fleuve qui leur servait de port. De là ils remontaient à force de rames jusque dans l'intérieur du pays, tuant, incendiant, pillant tout et tous sur l'une et l'autre rive ; et, quand la contrée était épuisée, redescendaient le fleuve chargés de butin. C'est ainsi que se virent successivement saccagées aussi bien nos villes de l'intérieur que nos cités maritimes mêmes : Paris deux fois, Orléans, le Mans, Clermont-Ferrand, Bordeaux, Saintes, Rouen, et une foule d'autres.

Et ces ravages ne furent pas dus seulement au peu de résistance qu'ils avaient rencontré, mais surtout à la participation directe que les seigneurs n'avaient pas rougi d'y prendre en haine du pouvoir royal et dans l'intérêt de leur propre pouvoir, auquel, plus brigands que les Normands mêmes, ils intéressaient ces bandits en s'associant à leurs brigandages.

23. Saint Bruno.

Saint Bruno a été un des plus illustres pénitents qu'il y ait eu dans ce onzième siècle où tant d'hommes et de femmes même se sont rendus célèbres par l'ascétisme de leur vie. Frappé par la crainte des jugements de Dieu, après une apparition effrayante dont il lui était resté une immense terreur, il avait de bonne heure renoncé à tous les avantages que lui avait présentés le monde, et plus tard à ceux qui s'étaient venus offrir à lui comme à l'envi dans l'Église même, et que lui eussent assurés ses lumières et ses talents. Préférant à toutes les grandeurs l'humilité chrétienne, et aux mortelles délices du siècle les salutaires rigueurs de la pénitence, il s'en alla avec quelques compagnons, comme lui touchés de la grâce, chercher dans les Alpes une retraite la plus reculée et la plus sauvage qu'il y eût, où il pût sans distractions d'aucune sorte se livrer à la vie cénobitique qu'il avait résolu d'embrasser.

Cette solitude ne pouvait être mieux choisie. Représentez-vous des rochers abrupts, labourés de ravins profonds, coupés d'impétueux torrents, et plantés çà et là dans leurs parties basses de forêts de sapins hauts et sombres. Des roches taillées à pic et couvertes à leurs sommets de neiges éternelles, percent le ciel de mille pointes aiguës, dressées dans les airs au-dessus de l'abîme, comme autant de piques, de hallebardes gigantesques autour de cette infranchissable prison.

C'est dans cet affreux désert que le saint établit sa cellule, devenue depuis une chapelle. Le monastère situé non loin de là sur un plateau inégal des plus pittoresques, est formé de plusieurs parties présentant l'aspect d'un village étendu et régulier, plein de mouvement et d'activité. Il est ceint d'ateliers, d'usines, de jardins, de fermes, avec pâturages remplis de bestiaux, fourni enfin de tout ce qui est nécessaire à la vie des religieux qui y sont enfermés, et des nombreux voyageurs qui y affluent pour admirer le paysage.

24. Les Albigeois.

Une doctrine entachée, il paraît, d'hérésie, s'était répandue dans le midi de la France, aux environs d'Albi. A cette époque plus qu'à moitié sauvage, mais d'une piété démesurément exagérée, l'Église qu'on a tant vantée comme le centre de la civilisation d'alors, n'était pas moins que les princes temporels mêmes portée aux exécutions sommaires et barbares. Au lieu de s'être attaqué aux Albigeois par une franche discussion doctrinale qui les eût peut-être confon-

[...]ue et convertis, le pape, alors Innocent III, organisa contre
[...] des tribunaux qui, armés de l'inquisition et de la torture,
[...]ent périr d'innombrables victimes, mais sans que l'hérésie
[...]en devînt moins forte et moins vivace. Ce qu'ayant vu, le
[...]pe demanda par son légat, Pierre de Castelnau, à Ray-
[...]mond VI, comte de Toulouse, que tous les hérétiques fussent
[...]xpulsés de ses États. C'était demander l'expulsion de pres-
[...]e tous les habitants. Sur ces entrefaites, il arriva que le
[...]gat fut assassiné : Sus au comte de Toulouse! s'écria le
[...]pe. Et à sa voix, de tous les côtés étaient accourus une
[...]ultitude de soldats pour cette nouvelle croisade. Ils for-
[...]aient trois armées, commandées par le féroce Simon de
[...]ontfort.

[...]La ville de Béziers fut prise et effroyablement saccagée.
[...]uelles qu'aient pu être, à quelque époque que ce soit, les
[...]trocités commises dans le sac d'une ville, jamais on n'en a
[...] vu ni entendu raconter de plus barbares, puisque, au dire
[...] l'histoire, lorsque les soldats occupés à leur sanglant mé-
[...]er, tuaient et tuaient encore, mais commençaient à hésiter,
[...] pouvant tout tuer cependant et surtout ne pouvant distin-
[...]er les coupables : Frappez toujours et n'épargnez rien,
[...]aient les prêtres, Dieu saura distinguer les siens.

[...]Après cette boucherie, des offres de pardon furent faites,
[...]mais à des conditions tellement grotesques qu'elles eussent
[...]ait du midi une immense mascarade si elles eussent été ac-
[...]eptées. Béziers fut suivi de Castelnaudary; Castelnaudary
[...]e Muret, et Muret de la soumission forcée de toutes les
[...]illes méridionales.

25. L'élève de Rubens.

[...]Le grand peintre venait de terminer un de ses admirables
[...]tableaux, la Madeleine; et près de sortir, s'était engagé à le
[...]montrer à ses élèves au retour, ce qui, comme on le pense
[...]bien, les avait remplis de la plus vive joie. Un d'eux cepen-
[...]dant ne put maîtriser son impatiente curiosité, et le Maître
[...]n'eut pas plus tôt disparu que d'un pied furtif il se glissa
[...]dans l'atelier sans être aperçu de qui que ce soit. Après avoir
[...]vu et admiré, après s'être abreuvé avec ses yeux et son âme
[...]de jeune homme et d'artiste de ces pures délices que personne,
[...]quel qu'il soit, n'a jamais senties comme les peintres eux-
[...]mêmes, il fallut enfin s'arracher de ces lieux; mais, ô mal-

heur! un mouvement fait vaciller la toile, et l'épaule et le bras de la Madeleine sont gravement endommagés.

La terreur du malheureux fut grande. Que faire? D'une main tremblante il saisit, autre sacrilége, la palette de Rubens; et sans voir, sans savoir ce qu'il fait, il essaie de réparer les dommages qu'il a causés. Puis il se sauve tout honteux. Peu d'instants après, Rubens était de retour, et il se disposait à faire voir à ses élèves son nouveau chef-d'œuvre. Après qu'il leur eut fait remarquer quels en étaient selon lui les principaux traits, et qu'il leur eut demandé s'ils n'y trouvaient pas, eux aussi, quelque chose de plus particulièrement digne d'être loué, comme tout leur semblait et avec raison admirable : Eh bien, moi, leur dit-il, j'avoue sincèrement n'avoir de ma vie fait œuvre aussi parfaite que cette épaule et ce bras de la Madeleine.

Et l'élève était là, tremblant tout à l'heure encore de honte et de frayeur, mais maintenant de quelle émotion et de quel orgueil! C'est lui qui fut plus tard le fameux Van-Dyk.

26. Camoens.

C'est un des plus lamentables exemples qui se soient vus de la triste destinée réservée au génie. A peine était venue pour lui l'adolescence, et déjà l'infortune s'était abattue sur sa vie en le condamnant aux rigueurs de l'exil, auxquelles n'ayant pas tardé à se joindre aussi celles de la guerre, il put, presque dès le début de la vie, voir réunies dans sa personne la misère du poète et les cicatrices du soldat, car il avait perdu un œil d'une blessure reçue devant Ceuta. Il partit alors pour les Indes. Il n'était pas plus tôt arrivé à Goa qu'une malheureuse satire, imprudemment lancée contre le vice-roi, le fit reléguer à Macao. Là, il eut le temps de méditer sur le peu de sûreté et de profit que l'esprit a toujours trouvé à se produire d'une certaine manière.

Il s'appliqua donc à se mieux servir du sien, et ce fut pendant ce nouvel exil que furent composées ses Lusiades, admirable épopée, la première qu'ait vue l'Europe depuis les anciens temps, et où, par d'ingénieux épisodes, le génie tout à la fois et le patriotisme ont su dérouler l'histoire tout entière du Portugal dans la simple expédition de Vasco de Gama. Rappelé à Goa, il fut accueilli par une tempête violente dans la baie de Cambodje, et ne parvint à se sauver lui et son poëme qu'en nageant vigoureusement d'une main, pendant que de l'autre il tenait les feuilles du manuscrit élevées au-dessus des flots.

Fatigué, abreuvé de dégoûts, emprisonné même pendant plusieurs mois, il revint enfin en Europe, mais continuant à traîner acharnée après lui comme après une proie cette malechance fatale que nous lui avons connue dès l'abord; et cet homme, dont la patrie n'a d'autre gloire littéraire que celle qu'elle lui a due, mourut de misère, sans autre ressource pour vivre qu'une insignifiante pension d'à peine cent francs qui lui fut faite par le roi Sébastien, et quelques aumônes recueillies la nuit pour lui dans les rues de Lisbonne par un esclave javanais, son généreux Antonio.

27. Law, ou l'Agiotage.

Nom fatal, non-seulement par les maux qu'il a fait peser alors (1720) sur la France, mais pour tous ceux qu'il lui a faits depuis. Les guerres, qui n'avaient pas discontinué pendant tout le règne de Louis XIV, les folles magnificences auxquelles il s'était livré, les persécutions religieuses qui avaient si fort appauvri le pays, avaient creusé un déficit affreux dans nos finances; et nos hommes d'État ne savaient comment le combler. Il y aurait eu l'économie, et c'était le moyen le plus sûr, mais parlez donc d'économie à une cour!

Un aventurier écossais, Law, avait depuis quelque temps imaginé un système de papier-monnaie, et il en avait fait un essai qui, sagement appliqué à une banque particulière, lui avait procuré un crédit et une fortune immenses. On se jeta dans ses bras. Ses valeurs furent reçues avec transport par les créanciers de l'État. Elles étaient disputées, arrachées avec une sorte de fureur. C'était du délire. Mais les yeux ne tardèrent pas à être dessillés. Malgré Law, prétend-on, il avait été lancé une trop grande quantité de ces valeurs; il en résulta des difficultés quand il se fut agi de remboursement. Aussitôt qu'on s'en fut aperçu, une panique s'étant emparée des détenteurs de billets, tous voulurent être remboursés; la valeur en fut tout à coup abaissée, et enfin tomba tout à fait. D'innombrables familles furent ruinées; et Law, obligé de fuir, alla mourir de misère à Venise.

Depuis cette époque, des catastrophes du même genre se sont souvent renouvelées, et assez récemment encore.

28. **Kosciusko.**

C'est un de ces hommes généreux et modestes, restés grands dans le souvenir de la postérité par leurs actions, par leur caractère, surtout par leur cœur. Passionné pour la liberté, il avait voué à sa défense son âme et sa vie tout entières. Il débuta dans cette carrière périlleuse par de signalés services rendus à l'Amérique dans la guerre de l'Indépendance. Puis, de retour en Pologne, les talents et l'expérience militaires qu'il avait acquis en servant la liberté chez les autres, il dut les consacrer à sa propre patrie, menacée d'un premier démembrement. Mais ses efforts, quelque héroïques qu'ils fussent, ne purent l'en préserver, non plus que d'un second et d'un troisième, malgré des combats incessants, malgré d'éclatantes victoires, à cause du lâche abandon où était laissée la Pologne en présence des trois nations qui l'avaient envahie.

Kosciusko, blessé et fait prisonnier à Maciejowice, ne fut rendu à la liberté que deux ans plus tard. Après différents voyages, il vint en France, où il résida seize ans, jusqu'en mil huit cent quatorze, cette année fatale par la présence des alliés à Paris. Convaincu alors que le sort de sa patrie était à tout jamais désespéré, il se retira en Suisse, où il mourut trois ans après.

Il était connu pour son extrême charité; et une preuve à la fois bien convaincante et bien touchante qui peut en être citée, c'est son cheval. Un jour il avait fait monter l'animal par son domestique parce qu'il s'agissait d'une commission pressée. Mais la marche du malheureux serviteur se trouvait à chaque instant retardée parce que, à chaque mendiant rencontré par le cheval, celui-ci s'arrêtait et refusait de reprendre sa route que le mendiant n'eût reçu une aumône; en sorte que le domestique, qui n'avait rien, mais qui finit par comprendre la chose, était obligé à chaque rencontre de ce genre de simuler le geste de donner, en expliquant au pauvre ce qu'il en était.

29. **Witikind.**

De tout temps l'admiration et l'intérêt se sont attachés aux hommes que l'on a vus se dévouer tout entiers à la défense de leur patrie; et l'on ne saurait contester qu'au nombre de ces hommes généreux n'ait brillé un des premiers le héros saxon Witikind. Aussi les luttes qu'il a pendant trente-trois ans soutenues contre le plus grand homme de guerre et la plus grande puissance qu'il y eût à cette époque, sont-elles loin d'être regardées comme les faits les moins intéressants et les moins admirables qu'ait eus à consigner l'histoire de ce temps. Et même la gloire si légitime qu'y a acquise Charlemagne me semble un peu éclipsée par celle qu'y a gagnée Witikind, quand je considère les immenses ressources dont le premier disposait, et le peu de forces que l'autre a toujours eu à lui opposer.

L'ambition, déguisée sous le nom de christianisme, avait poussé le roi des Franks à vouloir s'annexer les Saxons, que l'histoire n'a point dits lui avoir donné jusqu'alors le moindre sujet de mécontentement. Mais ils avaient à ses yeux le tort d'être indépendants et de vouloir demeurer tels; ils en avaient encore un autre, c'était d'être païens et déterminés à ne pas cesser de l'être. Il fit servir le second de prétexte à punir le premier. Des missionnaires leur furent envoyés; et il arriva une chose qui aurait dû être et probablement avait été prévue, c'est que les missionnaires furent massacrés, et, pour les venger, une armée franque lâchée sur le pays, Witikind lutta avec la dernière énergie, mais que faire avec des forces si disproportionnées? Contraint de céder, il se retira chez les Danois, et laissa malgré lui les Franks piller et évangéliser sa nation; mais leurs troupes ne se furent pas plutôt éloignées que, reparaissant soudain, il soulève la Saxe tout entière. Les évêques sont chassés, les idoles relevées, et Charlemagne obligé de recommencer sa conquête. Et il en fut ainsi quatre fois successives, toujours avec toute la vaillance, toute l'intrépidité imaginable; au point que dans une de ces subites réapparitions les Franks se virent repoussés jusqu'au Rhin, et Cologne et Mayence sérieusement menacées. Mais à la fin, désespérant de sauver du joug sa patrie, si chère et si opiniâtrément défendue, ou peut-être afin de le lui rendre plus léger en se faisant bien venir du vainqueur, il reçut le baptême, et cessa d'être hostile à la France.

30. Les Quakers.

Entre autres sectes plus ou moins bizarres qu'a vues naître la religion chrétienne, la plus bizarre de toutes a été certainement celle des quakers ou trembleurs, ainsi nommés à cause des convulsions dont souvent ils sont saisis à la suite de leurs longues méditations religieuses. Elle fut fondée vers le milieu du dix-septième siècle par le cordonnier Georges Fox, un visionnaire exalté qui s'était cru la mission de faire revivre les maximes du christianisme primitif, telles que les avait établies et consacrées l'Évangile. Ni culte extérieur, ni hiérarchie ecclésiastique ne sont reconnus par eux, et tous les fidèles sont estimés également aptes à être illuminés par l'Esprit-Saint et à prêcher sur un point de croyance quel qu'il soit. Aussi, quand ils sont réunis, le premier qui, aux tremblements qui se sont emparés de ses membres, a senti que la lumière d'en haut est descendue en lui, se met à parler; et ses inspirations, quels qu'en soient le fond et la forme, sont religieusement écoutées par les autres. Les femmes aussi sont douées de cette sorte d'illumination, qui rappelle assez les anciennes pythonisses; quelquefois plusieurs frères parlent ensemble, mais ordinairement tous restent comme abîmés dans le silence de la méditation.

Dieu ayant horreur du sang, on a vu des quakers qui se sont laissé tuer plutôt que de consentir à être soldats. La paix, rien que la paix. En justice pareillement, toujours esclaves de l'Évangile, ils se montrent tout à fait opposés au serment, se contentant d'une affirmation ou d'une négation pure et simple comme l'a ordonné Jésus-Christ. Ils sont ennemis des démonstrations de politesse si fort prodiguées par les autres hommes, les regardant comme gênantes et indignes d'hommes qui se respectent. Aussi restent-ils toujours couverts, fût-ce devant un prince, et tutoient-ils tout le monde, les souverains mêmes. Quant à leur costume, rien d'aussi simple. Représentez-vous des hommes coiffés de chapeaux à larges bords, et vêtus d'habits sombres sans trace de boutons, et des femmes couvertes de mantilles noires avec des tabliers verts : voilà les quakers et les quakeresses. Pour ce qui est de leurs mœurs, « c'est la seule religion, disait Cromwel, dont je n'aie jamais rien pu obtenir avec des guinées. »

Il n'y a plus guère de quakers qu'en Angleterre et aux États-Unis.

FIN.

TABLE DES MATIÈRES.

FIN DE LA TABLE DES MATIÈRES.